Poëtes et Amoureuses

DU XVIᵉ SIÈCLE

TIRÉ A 380 EXEMPLAIRES

— (Tous numérotés)

---

300 papier de Hollande.
 50   —   —   portraits doubles.
 30   —   Whatman,

N. B. — La pagination étant suivie dans tout l'ouvrage, on peut relier les deux tomes en un volume, en enlevant le titre du tome II.

Paris. — ALCAN-LÉVY, imprimeur breveté, rue Lafayette, 61.

POËTES
ET
AMOUREUSES

Portraits Littéraires

DU XVIᵉ SIÈCLE

PAR

PROSPER BLANCHEMAIN

De la Société des Bibliophiles français, etc.

PARIS

LÉON WILLEM, ÉDITEUR

8, RUE DE VERNEUIL, 8

—

1877

INTRODUCTION

LES AMANTES DES POËTES

> Je n'ai qu'une maîtresse, et son nom est beauté.
> AMADIS JAMYN.

Vouloir écrire l'histoire de tous les poëtes qui ont aimé et qui ont chanté leurs amours au XVIᵉ siècle, ce serait embrasser le cycle entier de la poésie à l'époque de cette éclosion artistique et littéraire qu'on a si bien nommée la Renaissance. Notre but a été d'esquisser seulement quelques profils généralement peu connus. On appréciera par nos recherches sur les noms d'un certain nombre de dames chantées par nos poëtes, quelle eût été l'importance de notre travail, si nous eussions aspiré à le rendre complet.

On sait que la jeune beauté qui inspira Dante Alighieri, sous le nom de Béatrix, appartenait à la maison des Portinari de Florence et qu'elle épousa un Bardi. Le nom de Laure de Noves n'est un secret pour personne, depuis le temps où Pétrarque l'a chantée.

Mais les poëtes français de la Renaissance, pour la plupart imitateurs de Pétrarque, qui ont tant usé et abusé du sonnet en faveur de leurs maîtresses poétiques, soit qu'ils aient été plus discrets, soit qu'ils n'aient pas pensé à consigner dans leurs écrits ce qui était su de tous leurs contemporains, soit enfin que personne n'ait jugé à propos de recueillir des souvenirs aussi peu importants, ces poëtes, en chantant leurs maîtresses sous des noms supvosés, ont laissé tomber dans l'oubli leurs noms véritables.

M. Édouard Tricotel, dans un curieux article de ses Variétés bibliographiques[1] si intéressantes et si remplies de détails ignorés, a donné une longue liste des noms que ces adorateurs ont imposés à leurs belles; mais il n'entrait dans son cadre que d'en constater la bizarrerie et l'affectation.

Mes études sur les poëtes de la Renaissance m'ayant permis de soulever quelques-uns de ces masques, soit par la lecture des auteurs eux-mêmes, soit à l'aide de renseignements recueillis par les biographes, tels que Colletet, La Croix du Maine, du Verdier, l'abbé Gouget, etc., il m'a paru piquant de consigner dans ces quelques pages les documents que j'ai rassemblés.

Et d'abord: à tout seigneur tout honneur!

François Ier, pour mériter son titre de Père des Lettres, devait être poëte, et il le fut. Il

---

[1]. Paris, Gay, 1863, in-12.

chanta entre autres la Laure de Pétrarque, dans un huitain écrit sur sa tombe ; et Agnès Sorel, par ce quatrain sur son portrait :

> Plus de louange son amour sy mérite,
> Estant cose de France recouvrer,
> Que n'est tout ce qu'en cloistre peut ouvrer
> Clouse nonnain ou au desert ermite [1].

Charles IX, outre les vers qu'il adressa à Ronsard, en fit d'autres, m'a-t-on dit, pour cette belle Marie Touchet, dont la fenêtre se voyait encore, il y a quelques années, accotée à la nef de Saint-Germain l'Auxerrois, dans la rue des Prêtres et regardant vers le Louvre [2].

Henri IV, qui écrivait si gaillardement en prose, se piqua aussi de poésie, et nous chantons encore sa Charmante Gabrielle, si tant est que la chanson soit de lui.

---

1. Ce texte qui, malgré ses incorrections, paraît authentique, est celui donné par M. Rouard, bibliothécaire à Aix, dans sa Notice sur le recueil des crayons de la bibliothèque Mejanes (Paris, Aubry, 1863, in-4º).

2. La personne qui m'a donné le renseignement sur la fenêtre de Marie Touchet, et aussi, je crois, l'indication des vers de Charles IX, est M. Niel. J'ai toutefois pu confondre avec des vers faits par Des Portes, au nom du Roi.

Catherine de Navarre, sa sœur, qui, en épousant Henri, duc de Bar, n'y trouvait pas son compte (c'est-à-dire le comte de Soissons qu'elle aimait), a peut-être aussi sur la conscience quelques stances dédiées à son bien-aimé.

Mais en général je me méfie des poésies royales ou princières. François I*er* faisait les vers comme Sainct-Gelays, Charles IX comme Ronsard, et Henri IV comme Bertaut. Il n'y a guère que Marguerite de Navarre, qui fît elle-même ses vers. Ils sont assez médiocres pour cela. Encore n'est-il pas bien certain qu'elle n'eût des collaborateurs, ou tout au moins, comme on dit aujourd'hui, des Teinturiers.

L'autre Marguerite, la reine Margot, avait bien chargé Maynard de remettre sur leurs pieds les vers qu'elle écrivait pour pleurer la mort du beau Date, son page et son amant, tué par un rival, à la portière même du royal carrosse.

On pourrait citer, parmi les maîtresses idéales des poëtes, la reine Marguerite d'Ecosse, qui, malgré la laideur d'Alain Chartier, l'embrassa pendant son sommeil.

François Villon fêta charnellement des beautés d'une complaisance à toute épreuve, mais sa chère Rose, sa belle Heaulmière, Blanche, Guillemette, Jeanneton, Katherine, etc., n'avaient jamais eu de nom, ou l'avaient perdu au Champ-Gaillard, avec bien d'autres apanages. —

Clément Marot portait très haut ses visées ; mais s'il chassait jusque sur les terres du Roi ; s'il y faisait même des conquêtes, il ne savait pas les garder. Diane de Poitiers, après l'avoir trop aimé, le poursuivit, dit-on, de sa haine. A en croire Lenglet Du Fresnoy et d'autres, c'est la sœur de François Ier, Marguerite, duchesse d'Alençon et reine de Navarre, qu'il adorait sous le nom d'Anne, qu'il appelait sa sœur et à laquelle il écrivait, entre mille autres douceurs :

Ce franc baiser, ce baiser amiable
Tant bien donné, tant bien reçeu aussi,

Qu'il estoit doux ! ô beauté admirable !
Baisez-moy doncq cent fois le jour ainsy ! etc.

Mais d'autres ont taxé cette histoire de pure calomnie. — *Quant à Melin de Sainct-Gelays, l'ami et l'émule de maître Clément, il ne prétendait au plus qu'aux filles d'honneur de la reine et des princesses. Sans faire de médisance, je puis remarquer, souvent répété, le nom de mademoiselle de Saint-Léger, celui d'Hélène, peut-être Hélène de Boisy, et enfin celui de Louise, une Louise Du Plessis, qu'il nomme en toutes lettres dans un de ses dizains les plus raffinés. Il se vante même, dans un sonnet, d'avoir aimé le premier la* Cassandre *de Ronsard.*

Ceci nous mène droit au Prince des poëtes de la Renaissance. — *Le nom de sa* Cassandre *avait échappé à toutes les recherches, quand MM. Réaume et de Caussade, dans leur belle édition de D'Aubigné (Lemerre, 1873), publièrent une lettre inédite où le célèbre ami de Henri IV désigne, comme était la* Cassandre de Ronsard, une demoiselle Du Pré, dont il aima plus tard la nièce, mademoiselle de Talci, qu'il célébrait sous le nom de Diane. Marie, que Ronsard chanta ensuite, était, selon Charles Nodier, Marie de Marquetz, religieuse de Poissy. Je ne partage pas cette opinion. Je dirai ailleurs les raisons qui me conduisirent à penser qu'elle s'appelait Du Pin, ou Des Pins[1]. Comme Lazare de Baïf était sieur Des Pins en Anjou, Marie pourrait bien être une de ses parentes. Quant à Hélène, on sait que c'était Hélène de Surgères, bonne et spirituelle, mais si peu belle, que Du Perron lui conseillait de mettre son portrait en tête des sonnets de Ronsard, afin que personne ne pût soupçonner sa vertu.

L'Olive de Du Bellay était une angevine, nommée Viole.

La beauté que chantait La Péruse, se nom-

---

1. Voir la vie de Ronsard, dans ses œuvres, Paris (1857-1867). 8 volumes in-16, faisant partie de la *Bibliothèque elzevirienne*, et ci-après, p. 58.

mait Catherine Cotel, ainsi que cela résulte d'un sonnet acrostiche, indiqué dans l'excellente édition que feu M. Gellibert des Séguins a publiée de ce poëte angoumoisin [1]. J'avais, de mon côté, fait cette petite découverte, que M. Gellibert des Séguins a signalée avant moi ; mais ce que personne n'a dit encore, ce sont les vrais noms de la Francine de Baïf, et de l'Admirée de Jaques Tahureau. Une découverte de ce genre est peu de chose ; toutefois, ayant, à l'instar d'Œdipe, la faiblesse de deviner les rébus et de dégager le mot des charades, je ne suis pas fâché d'expliquer comment j'ai dénoué cette énigme-là.

La Péruse adresse à une demoiselle F. de G une Estrenne, où il dit :

> Plus qu'en tableau ou qu'en cuivre
> L'*Admiré* peut faire vivre
> *Ta sœur* par ses beaux escrits ;
> Mais plus que lui et plus qu'elle,
> Si je l'avois entrepris,
> Je te rendrois immortelle.

---

[1]. Paris, Jouaust, 1867, un vol. in-8.

Si, comme je le pense, l'Admiré est Tahureau, le chantre des Mignardises *de l'Admirée, la sœur de mademoiselle F. de G. est évidemment l'Admirée. D'autre part, Baïf devint amoureux de Francine, dans une visite qu'il fit à Tahureau. Il dédia plusieurs sonnets à son ami et aussi à son Admirée. Il dit même, dans un de ces sonnets, en s'adressant aux naïades de la Loire:*

   . . . . Fendez l'eau jusqu'à Tours;
  A vos sœurs d'alentour annoncez mes amours
  Et leur *honneur second, frère* de l'Admirée.

Cet honneur frère de l'Admirée, c'est Francine, dont le prénom correspond à la première des initiales mystérieuses F. de G. Mais que signifie le reste?

Baïf va nous le dire lui-même, dans ses Amours de Francine, *page 50 :*

Rien que *Genne* et tourment ton nom ne me promet.

Elle s'appelait donc Francine de Genne, et l'Admirée de Tahureau était une autre demoiselle de Genne.

Ce nom est connu dans la Touraine. M. Gellibert des Séguins, dans son édition de la Péruse, cite un René de Voyer, vicomte de Paulmy et de la Roche de Genne. Tahureau dédie des vers à C. de Genne, son meilleur ami. Les de Genne, seigneurs de la Roche de Genne en Touraine sont, suivant M. Carré de Busserolle (Armorial de Touraine), originaires du Poitou. Cette famille a fourni deux maires à Poitiers et douze magistrats au Présidial de cette ville. Elle ne serait pas encore éteinte. Deux familles de même nom, peut-être deux branches de la même famille, se retrouvent aussi au Maine et en Bretagne.

Enfin le poëte Guy de Tours, dans un curieux poëme, intitulé le Paradis d'Amour, qu'il consacre à la louange des plus belles dames de Tours, et qui fait partie du rare volume de ses premières œuvres poétiques (Paris, N. de Louvain, 1598, in-12), écrit ces vers sur une demoiselle de Genne :

L'or qui folastrement sur la teste blondoye

De la belle *de Genne* est de si riche proye,
Que quelque paladin imitant un Jason,
Ne craindroit le trépas pour si belle toison.
Voy-jà de quel doux philtre elle confist sa veue ;
Voy-jà de quel maintien sa démarche est esmeue :
Il faudroit que tu fusse un bien disant *Baïf*,
Pour peindre de son teinct le cinabre naïf.

L'hésitation n'est plus possible. Ce dernier trait nous révèle en même temps l'Admirée de Tahureau et la Francine de Baïf. Mais Guy de Tours, peu discret pour les autres, l'a été si bien pour lui-même que je n'ai découvert les noms ni de son Anne *ni de son* Ente, *ni de sa* Nérée, *ni de sa* Claude, *qu'il n'a pourtant pas dû oublier dans son* Paradis d'Amour.

Guy du Faur, sieur de Pibrac, auteur des Quatrains moraux, *fut un des nombreux amants de la reine Margot, déjà nommée.*

Guillaume des Autelz chantait, sous le pseudonyme de Sainte, *une demoiselle dont le prénom était* Denise. *Ce n'était donc pas sa femme qui s'appelait Jeanne de la Bruyère.*

Philibert Bretin, [d'Auxonne, médecin et

poëte, a consacré ses vers à une demoiselle Marguerite Chapelain.

Estienne Pasquier aima dans sa jeunesse deux dames poëtes, madame et mademoiselle Des Roches, la mère et la fille ; mais c'était surtout la fille qu'il préférait :

> J'aime deux dames tout ensemble ;
> Mais l'une en emporte le prix.
> L'une est comme la fraîche rose,
> Qui au poinct du jour est esclose
> Dans les temples verds de Cypris ;
> L'autre luit plus entre les belles
> Que la lune entre les estelles ;
> Mais l'une en emporte le prix.

Ces deux dames, dont la vertu ne fut jamais compromise, s'étaient formé à Poitiers une cour de poëtes et d'admirateurs. On sait l'histoire de cette puce, qui, aperçue par Pasquier sur le sein de mademoiselle des Roches, fut l'objet d'une foule de vers, réunis sous le titre de la Puce de Mademoiselle Des Roches (*1579, in-4°*). Catherine des Roches fut aimée surtout de Julien de Guersens, né à Gisors, qui publia, sous le nom de cette belle dédaigneuse, une tragédie de Panthée et lui offrit sa main. Elle refusa l'une et l'autre. Un poëte encore, Claude Pellejay, de Poitiere, maître des comptes à Paris et secrétaire du duc d'Anjou, fit pour elle, sans plus de succès, deux livres de sonnets restés inédits.

Poitiers n'eut pas le privilége des dames poëtes, Lyon en comptait trois, vers la même époque. Pernette du Guillet, qui n'aima que son mari, dont elle fut vivement regrettée. Louise Labé, la Ninon du XVIe siècle, qui aima, comme nous le verrons, Olivier de Magny.

Une autre poétesse lyonnaise, Clémence de Bourges, eut un amour qui fut brisé par la mort. Du Peyrat, qui succomba au moment de l'épouser, était poëte lui-même et l'avait chantée dans ses poésies :

> Mais s'il te plaist juger à la couleur
> Et du désir prendre à l'œil cognoissance,
> Lors sans parler pourras lire en mon cœur :
> J'aime vertu sur toutes la *Clémence!*

Catherine de Parthenay, vicomtesse de Rohan, écrivit, je crois, des vers sur la mort de son mari, qu'elle regretta toute sa vie[1].

Après ce tribut payé aux dames, je reviens aux poëtes et à celles qu'ils ont chantées.

La Sainte de Des Autelz était une dame du Dauphiné, qu'il connut et aima dans un de ses voyages.

L'Aymée de Pierre de Brach était sa propre femme.

Les sonnets d'Estienne de la Boëtie ont aussi été faits pour celle qu'il épousa, Marguerite de Carle.

Le savant Jules-César de Lescale (Scaliger) s'éprit à quarante-cinq ans d'une jeune fille qui en comptait seize à peine, Andiette de La Roque, d'une bonne famille agenaise. Il l'épousa et en eut un fils, Joseph, non moins érudit que son père.

Monnet, dans l'Anthologie française, cite une chanson de Bussy d'Amboise, qui aurait été faite pour la dame de Montsoreau.

---

[1]. Vers de madame de Rohan, publiés par M. Ed. de Barthelemy. (Paris, Aubry, 1864, in-8.)

Claude Turrin, dijonnais, aimait Chrestienne de Baissey, demoiselle de Saillant.

Pierre de Cornu, né à Grenoble, célébrait, sous le nom de Lucrèce, *une demoiselle Laurini, d'Avignon, pour laquelle il prodigua des sonnets, chansons, élégies, qui n'ont d'autres mérite qu'une certaine gaillardise de pensée et d'expression.*

Le grave magistrat Claude Expilly chanta pendant quatre ans mademoiselle Méraude de Baro, veuve de l'avocat Chevalet, et eut, dit-il, beaucoup de part en ses grâces. Aussi, lorsque Pierre de Cornu l'épousa ensuite, Dieu sait les gorges chaudes que firent les beaux esprits de Grenoble, sur le nom du nouveau marié.

Une autre Lucrèce, *chantée par Nicolas Renaud, provençal, dans ses* Chastes Amours, *était Anne de Valdavoir, qu'il épousa et qui lui fut enlevée à vingt et un ans.*

Jacques Grevin, médecin et poëte, l'auteur de la Comédie des Esbahis, *de la* Trésorière, *etc., a exalté, sous le nom d'Olympe, Nicole*

Estienne, femme de Jean Liebaut, médecin, son professeur. Il en devint amoureux à quinze ans. Elle était fille de Charles Estienne, et nièce de Robert Estienne, qui imprima les poésies de Grevin.

Jean de la Taille a écrit pour sa cousine Rose de la Taille, le Blason de la Rose, dont voici une strophe :

> Elle ne défend à aucun
> Ni sa vue ni son parfum ;
> Mais si de façon indiscrette
> On la vouloit prendre ou toucher,
> C'est lors que sa pointure aigrette
> Monstre qu'on n'en doit approcher.
> J'aime, sur toute fleur desclose,
> A chanter l'honneur de la rose.

Michel d'Amboise aima Isabelle du Bois, demoiselle de madame de Barbezieux, dont il était secrétaire, et l'épousa.

Le poëte agenais, Guillaume Du Sable, devint amoureux d'une demoiselle Armoise de Lommaigne.

Le nom de la Charlote de Gilles Durand,

sieur de la Bergerie, est renfermé dans cet anagramme l'Ile du Chaste Roc, où l'on trouve Charlote de Sulci : *probablement Sucy, près Paris, qu'on écrivait alors Sulci.*. Les nombreuses allusions du poëte à la fleur de Souci semblent confirmer cette conjecture Il eût été curieux de retrouver en même temps le nom de celle que Jean Bonnefons a célébrée dans ces Hendecasyllabes latins si gracieusement lascifs, dont Gilles Durand a été le non moins gracieux traducteur. — M. Alexis Socard, le savant bibliophile de Troyes, dans une lettre des plus intéressantes adressée à M. Aubry, soupçonne avec raison que Bonnefons épousa sa Pancharis ; mais les anciens registres de Bar-sur-Seine, où le poëte était lieutenant-général, n'existent plus et le vrai nom de l'héroïne des Basia reste désormais une énigme dont le mot est perdu.

Estienne Tabourot, l'auteur des Bigarrures, tenait, dit-on, registre de ses maîtresses et elles étaient nombreuses. — « Ce sonnet, *disait-il, a été fait pour ma vingt-sixième maîtresse, celui-là contre un qui avoit fait alliance avec ma trentième. »* Il serait trop long de chercher à connaître toutes ces héroïnes. *Nous nommerons (en dehors de sa liste) Anne Begat, qu'il qualifie d'*honneste et gracieuse demoiselle. *Ayant signé simplement de sa devise* : A tous accords, *un sonnet qu'il lui envoyait, elle lui répondit par un autre sonnet* : Au Seigneur des Accords. *Le surnom lui sembla bon et il l'adopta dorénavant.*

Nous ne soulèverons pas le fumier des fangeuses amours de ceux que M. Tricotel appelle les poëtes-soldats ; *c'est-à-dire, Trellon, La Roque, le capitaine Lasphrise, etc. Les maîtresses de ceux-là se nomment mesdemoiselles Tout-le-Monde.*

Passons à Des Portes, dont les passions s'attachent à de plus beaux noms. — La Diane de ses Premières Amours *était la belle Diane de Cossé-Brissac, comtesse de Mansfeld, qui, surprise avec un autre amant, le comte de Maure, fut poignardée par son mari. Hippolite, qui vint après, serait ou Hélène de Surgères, la dernière maîtresse poétique de Ronsard, ou Hippolite Bouchard, vicomtesse d'Aubeterre. Enfin la Cléonice qui inspira ses* Dernières Amours *était Heliette de Vivonne de la Chastaigneraye.*

Celle que Vauquelin de la Fresnaye a célébrée dans ses Idylles *sous le nom de Philis, en se cachant lui-même sous celui de Philanon, était Anne de Bourgueville, qui devint sa femme.*

Des Yveteaux, son fils, eut bon nombre de maîtresses. La plus connue est mademoiselle Dupuis, femme d'un chanteur ambulant, qu'il recueillit chez lui, et dont il fit sa bergère.

Quant à Malherbe, il était bien froid de complexion et bien occupé de figer la littérature de la Renaissance dans le moule de ses strophes, pour penser à l'amour. Cependant il a chanté sous le nom de Nérée une demoiselle Renée et, sous celui de Caliste, la vicomtesse d'Auchy; mais je doute qu'il ait aimé, même un instant, sa femme Madeleine de Coriolis, veuve avant lui de deux maris.

J'aurais cité la Paulegraphie de Gabriel de Minut, si cette description de tous les charmes de la belle et savante toulousaine, Paule de Viguier, n'était écrite en prose.

Mais je ne puis passer sous silence Maurice Scève, le Lyonnais, dont les dizains obscurs, qui semblent adressés à une Délie quelconque, n'ont en vue qu'une abstraction : l'Idée, dont Délie est l'anagramme.

Enfin je terminerai par Antoine Mage, sieur de Fiefmelin. Ce singulier poëte a écrit l'Union des Amours de Mage et de sa Chrestienne. Cette Chrestienne, c'est l'Église, à laquelle il adresse des vers si véritablement amoureux, qu'il avoue lui-même les avoir faits autrefois pour des maîtresses moins idéales.

Je borne à cette simple esquisse le résultat de notes prises çà et là ; n'ayant eu pour objet que d'éveiller la curiosité des lecteurs et non de lasser leur patience, je préfère leur offrir, soigneusement revues, mes recherches sur quelques-uns des poëtes du xvi° siècle, inspirés par ces belles qui nous apparaissent comme de gracieux fantômes dans la pénombre du temps passé.

POËTES
ET
AMOUREUSES
DU XVIᵉ SIÈCLE

PIERRE DE RONSARD

11 SEPTEMBRE 1524 — 27 DÉCEMBRE 1585.

Veritas filia Temporis.
Inscription au château de la Poissonnière.

L'ANNÉE 1525, si désastreuse pour la France, venait de finir. Le Roi François Ier, le glorieux vaincu de Pavie, n'était plus le prisonnier, mais l'hôte de Charles-Quint. Sa rançon avait été stipulée par cet onéreux traité de Madrid que Madame d'Angoulême se disposait à exécuter, en livrant à l'Espagne le Dauphin et le duc d'Orléans, en échange de leur père.

Le seigneur Loys de Ronsard allait quitter

son castel de la Poissonnière pour suivre dans leur captivité les deux nobles otages que la Régente l'avait chargé d'accompagner. Tandis qu'il faisait ses adieux à sa famille et recommandait à sa femme ses quatre jeunes fils, dont le dernier était encore au berceau, ses équipages l'attendaient sur la route, et les gens du village de Couture, groupés devant la porte de son manoir, se préparaient à lui souhaiter un heureux voyage.

C'est que messire Loys n'était pas un seigneur vulgaire. Maître d'hôtel du Roi et chevalier de son ordre, il descendait d'une antique famille. Le premier de sa race en France, un certain Baudouin de Ronsard, Rossart ou Roussard, cadet aventureux, avait quitté la Roumanie, vers 1340, et était venu offrir ses services à Philippe de Valois, alors en guerre contre les Anglais[1]. Il se comporta bravement et put, grâce aux bienfaits du Roi, bâtir son château

---

1. Le nom de Ronsard serait la traduction du mot hongrois *marucini*, qui signifie *ronces*. On le tire aussi de *ross*, qui signifie un cheval dans certaines langues du nord; et le nom de *rossarts* se donne à de fort bonnes ablettes qu'on pêche dans le Loir. C'est pourquoi l'écusson des Ronsard était

près du village de Couture (dans la Varenne du bas Vendômois) et faire souche en France[1].

---

d'azur à trois ablettes d'argent posées en fasce et portait pour cimier un cheval. On pourrait croire (mais c'est fort douteux) que ce poète avait des armoiries personnelles qui lui avaient été données par Charles IX. Il portait : d'azur à trois roses d'argent feuillées et soutenues de sinople. (Paillot. *La vraie & parfaite science des Armoiries*, Paris, 1660, in-fol., p. 574.)

1. Dans la fraîche vallée du Loir, à sept lieues ouest de Vendôme (Loir-et-Cher), sur le versant d'un coteau qui descend vers le nord, au-dessous de l'antique forêt de Gastine, il est une position charmante d'où le regard, dominant le bourg de Couture, erre à travers les vertes prairies du Loir et de la Braye, embrasse les collines de Trôo, les hauteurs où fut un camp romain qui dominait Sougé, le village de Poncé, le château de la Flotte, etc., sinueux amphithéâtre de coteaux fertiles, dont le sous-sol, formé d'une roche friable, est percé d'habitations souterraines et couronné de vignobles ou de bois.

Dans ce lieu, qu'on appelle les *Vaux du Loir*, s'élève le manoir de la Poissonnière. Son ensemble, plus gracieux qu'imposant, forme un carré long, dont les portes et les fenêtres sont ornées d'arabesques ciselées dans la pierre blanche du pays. L'escalier est renfermé dans une tourelle octogone qui, chargée aussi de sculptures, couronnée d'une élégante lucarne, ressort au milieu de la façade méridionale du bâtiment.

Au-dessus de la porte de la tourelle, sous un buste très dégradé, se lit cette inscription : *Voluptati et Gratiis*. Contre les appuis de toutes les fenêtres sont gravées des maximes plus sérieuses : *Veritas filia temporis*, *Ne quære nimis*, *Respice finem*. Ces deux mots : *Avant partir*, s'y trouvent plusieurs fois répétés.

Les communs, creusés dans le roc, forment avec les cons-

Un des descendants de Baudouin fut, dit-on, évêque du Mans, et la maison s'allia aux plus

tructions, un angle aigu. Des restes de vieux murs les dominent. Les montants des portes et meneaux qui les surmontent sont taillés à même la pierre, et chargés d'attributs et de devises indiquant leur destination : *la Buanderie belle, la Fourière, Vina barbara, Cui des videto, Custodia dapum, Sustine et abstine.*

Dans la maison se voient de hautes et belles cheminées semi-gothiques en pierre blanche. Celle de la grande salle captive les regards par les scuplures délicates dont elle est couverte, sculptures composées presque uniquement de pièces des armoiries des différentes familles auxquelles les Ronsard s'étaient alliés. Au sommet brille l'écusson de France ; au-dessous, les trois poissons des Ronsard sont accompagnés de cette légende : *Non fallunt futura merentem,* qu'on peut lire aussi : *Non fallunt futura me rete,* par allusion aux poissons qui défient toute espèce de filets.

On a cru voir, dans des tiges de fleurs vers lesquelles s'élancent des flammes, emblèmes qui occupent tout le bandeau de la cheminée, un mystérieux hommage du poète à la sœur de Henry II, Marguerite de Savoie, la première admiratrice de ses vers. Mais cette conjecture me semble très peu fondée, d'abord parce que Pierre, le dernier de la famille, n'a jamais possédé le château parternel, qui appartenait de droit à l'aîné ; ensuite parce que les sculptures du castel remontent aux premières années du seizième siècle, que les L plusieurs fois répétées, le nom entier de Loys gravé sur la grande cheminée, achèvent de démontrer qu'elles doivent être attribuées au père du poète, enfin parce que ces plantes ne sont pas des marguerites, mais des *ronces* atteintes par les flammes, et qui forment un véritable rébus : *Ronce-ard,* c'est-à-dire, c'est-à-dire Ronsard.

On montre, dans la pavillon le plus voisin de la chapelle, une chambre qui est, dit-on, celle où naquit Ronsard.

nobles de la province. Loys avait épousé Jeanne de Chaudrier, dont la famille tenait à celle du Bouchage, de La Trimouille [1] et de Rouaux.

C'était à elle, qu'au moment de partir pour l'Espagne, il recommandait vivement ses enfants et surtout le dernier né, qui enlaçait de ses petites mains le cou de son père, et ne voulait pas se séparer de lui. Le bon chevalier s'inquiétait avec raison. Sur les six enfants issus de son mariage, deux avaient succombé dans leurs premières années. Les trois aînés survivants étaient déjà grands et forts [2] ; mais le plus jeune, qui avait dix-huit mois à peine, était alors d'une

---

Voyez, pour plus de détails : *Vendôme et le Vendômois*, par M. de Passac, 1823, in-4, et l'*Histoire archéologique du Vendômois*, 1849, in-4.

La Poissonnière appartient aujourd'hui à madame H. de Lahaye, née Cottereau, qui l'a fait pieusement restaurer. avec le goût et l'habileté d'une antiquaire et d'une artiste.

1. De la famille de Craon, et de celle de La Trimouille, descendaient, par l'alliance de l'impératrice Mathilde, les rois d'Angleterre; de manière que Ronsard se prétendait allié au seizième ou dix-septième degré d'Élisabeth, reine d'Angleterre. (Voyez la *Famille de Ronsard*, par le marquis A. de Rochambeau, Paris 1868, in-16).

2. Le premier se nommait Claude. Il suivit la profession des armes, se maria et laissa deux fils. Le dernier repré-

santé délicate. Le samedi 11 septembre 1524[1], premier jour de sa vie, avait failli être celui de sa mort. En traversant le pré Bouju, pour le porter au baptême, sa nourrice le laissa tomber, et sa marraine lui renversa sur la tête le vase plein d'eau de rose et de fleurs qu'elle offrait à l'église. Heureusement, sa chute eut lieu sur l'herbe et le vase ne le blessa point; mais il lui en était resté quelque faiblesse.

Cet enfant c'était PIERRE DE RONSARD, qui devait pendant tout un siècle faire prosterner la

---

sentant mâle de cette branche, le général de Marescot, est mort dans le Vendômois en 1832.

Louis, le puîné, fut prêtre, curé d'Évaillé, abbé de Tyron et de Beaulieu.

Le troisième s'appelait Charles. Il était, en 1564, doyen de l'église du Mans.

Le Marquis Achille de Rochambeau, à qu je dois une importante partie de ces documents généalogiques, m'a appris que la dernière descendante des Ronsard de la Poissonnière, était une demoiselle de Ronsard, morte vers 1869 à l'âge de soixante ans, qui habitait la Normandie.

1. 1525, selon l'abbé Goujet, Bibliothèque française, t. XII, p. 194. — En 1757, le journal de Verdun a consacré plusieurs articles à discuter cette question. On a remarqué que, de 1518 à 1529, le 11 septembre ne tombe point un samedi; mais en 1524, il fut un dimanche. Né le samedi 10, le poëte aura été baptisé le dimanche 11. Plus tard, il aura confondu les jours en réunissant les événements. C'est la seule solution de cette difficulté.

France aux pieds de sa renommée littéraire, si bien que sa naissance, arrivée quelques mois avant la bataille de Pavie, semblait aux yeux de ses contemporains balancer le désastre de nos armes; Pierre de Ronsard, qui devait être ensuite plus abreuvé d'affronts qu'il n'avait été chargé de palmes, et revenir enfin, après trois cents ans d'oubli, revendiquer sa gloire auprès de la postérité.

Le maître d'hôtel de François Ier ne manquait pas d'instruction; il avait fait ses études à l'université de Bourges; il se piquait même de composer des vers latins et des poésies françaises, que les Marot, les Sainct-Gelays, les Héroet avaient daigné entendre et applaudir[1]. Aussi avait-il donné à ses fils un précepteur, dont Pierre partagea les leçons aussitôt que l'âge le lui permit.

Jusqu'en 1533, l'enfant vécut à la campagne, de cette vie active et forte qui développe le corps,

---

1. Jean Bouchet de Poitiers parle souvent de lui dans ses *Epistres*. Il l'appelle Loys *Roussart*. (Voyez les épistres 96, 97 et 129.) Il a même écrit son épitaphe que nous donnons ci-après. — Binet rapporte que Ronsard lui a lu des vers de son père.

tandis que son esprit se cultivait, stimulé par l'exemple de ses aînés, qu'il eut en peu de temps atteints et même dépassés; si bien que son père, pour utiliser ses grandes dispositions et sa vive intelligence, résolut de le mettre au collége à Paris.

Ronsard avait alors neuf ans; blond, aux yeux bleus, grand et maigre, à la fois impétueux et doux, aussi ardent à l'étude qu'aux exercices du corps, ses joues roses, son regard vif et son gracieux sourire charmaient tout le monde. Mais le séjour du collége de Navarre l'eut bientôt changé. En six mois il perdit ses belles couleurs, sa vivacité, son goût pour l'étude. Tout cela était dû au régime rigoureux du collége, à la sévérité pédante de son régent, le sieur de Vailly, qui ne sut pas profiter de ce riche naturel et voulut arracher de force ce qu'il eût facilement obtenu par la douceur. Effrayé de ce dépérissement, son père l'emmena avec lui à Avignon, où le Roi, assisté de ses trois fils, se préparait à de nouveaux combats. Car son éternel rival Charles-Quint, fier de cette expédition d'Afrique où il avait vaincu Barberousse, envahissait la Provence, allait assiéger Marseille et croyait déjà ranger la France au nombre de ses conquêtes.

Le Dauphin François rencontra dans son camp le jeune Ronsard, qui lui fut présenté par son père, et le voulut avoir au nombre de ses pages; mais six jours après (10 août 1536), le Dauphin empoisonné, dit-on, par le comte de Montecuculo, mourut à Tournon. Ronsard, ayant perdu ce premier protecteur, ne tarda pas à en trouver un autre dans la personne de Charles, duc d'Orléans, troisième fils du Roi. Il avait le don de plaire à tous ceux qui le connaissaient; aussi lorsque Madeleine de France épousa Jacques Stuart, roi d'Écosse [1], il fut au nombre de ceux qui suivirent la jeune Reine dans sa nouvelle patrie. Après y avoir passé deux ans, il quitta Édimbourg malgré les instances du Roi Jacques, employa six mois à parcourir l'Angleterre, et revint en France reprendre son service de page auprès du duc d'Orléans.

Il s'était encore formé dans ses voyages, avait appris la langue du pays, excellait dans la danse, la lutte et l'escrime, et déjà montrait un penchant

---

1. Le mariage eut lieu à Paris le 1er janvier 1537.

à la méditation; il aimait à se retirer dans les endroits solitaires où, bravant la défense paternelle, il composait des vers qu'il n'osait encore lire à personne.

Craignant pour son page les séductions de la paresse, le duc son maître le chargea d'aller en Flandre saluer de sa part la nièce de l'empereur[1] dont il était épris, et de porter ensuite un message en Écosse.

En route, Ronsard lia connaissance avec un jeune gentilhomme français que ses biographes nomment Lassigny[2] et s'embarqua sur le même vaisseau que lui. A peine avaient-ils quitté le continent, qu'ils furent assaillis par le mauvais temps. La tempête dura trois jours et fracassa le navire, sur le rivage même de l'Écosse. La

---

1. Charles-Quint, par le traité de Crespi (18 sept. 1544), s'engagea à donner en mariage au duc d'Orléans, dans un délai de deux années, sa fille Marie d'Autriche ou une fille de Ferdinand, son frère, avec l'État de Milan pour dot.

Dès 1540, époque de le mission de Ronsard, le duc aimait une nièce de l'empereur. Marcassus, dans son commentaire sur l'élégie XX (t. IV, p. 299 de l'édit. elzév.), le dit expressément.

2. Probablement *d'Acigné*. Ce serait un neveu de Judith d'Acigné, épouse de Jean de Canaple, dont le portrait au crayon est conservé à la Bibliothèque nationale.

cargaison fut perdue ; mais l'équipage fut sauvé.
et *notre futur Arion*, comme l'appelle Binet,
s'échappa à la nage.

A son retour, le duc d'Orléans, pour le récompenser d'avoir habilement rempli son office, le mit hors de page et l'envoya en Allemagne à la suite de Lazare de Baïf, ambassadeur de France à la Diète de Spire (1540). Celui-ci emmenait en même temps Antoine de Baïf, son fils naturel, et Charles Estienne[1], son médecin, avec lesquels une entière conformité de goûts et de penchants eut bientôt lié Ronsard[2]. De là il accompagna à Turin Guillaume de Langey, seigneur du Bellay, son parent, vice-Roi du Piémont[3].

---

1. Charles Estienne était de cette fameuse famille qui, pendant deux siècles, illustra l'imprimerie française.

2. C'est ce voyage, dont il est question dans un poëme adressé au roi Henri III, qui commence le volume des *Euvres en rime de J. A. de Baïf* (Paris, Lucas Breyer, 1583, in-8) :

Mon pere qui alors
Alloit ambassadeur pour vostre ayeul, dehors
Du royaume en All'magne, et menoit en voyage
Charles Estienne et Ronsard qui sortoit hors de page :
Estienne médecin, qui bien parlant estoit ;
Ronsard de qui la fleur un beau fruict promettoit.

3. C'est là que Rabelais et Ronsard se rencontrèrent pour

A peine âgé de seize ans, il avait déjà vécu dans l'intimité des plus grands personnages, était initié aux secrets de l'État, parlait l'anglais, l'allemand et l'italien; ses débuts annonçaient un diplomate et promettaient à la France un futur ambassadeur, quand une grave maladie, dont il avait contracté le germe dans ses voyages, vint arrêter sa carrière en le laissant presque sourd[1].

Cette infirmité que les plus habiles médecins tentèrent vainement de guérir, le rendit tout

---

la première fois. Probablement le grand railleur se moqua du jeune poëte, car de ce voyage date une antipathie qui ne s'appaisa plus.

1. Dans une pièce virulente publiée en 1563 : *Prosa magistri Nicolai Mallarii Gomorrhœi Sorbonici, ad M. Petrum Ronsardum, poetam papalem Sorbonicum*, reproduite par M. Leber (*De l'état réel de la presse et des pamphlets depuis François Ier jusqu'à Louis XIV*, Techener, 1834), on lit :

> *Plus dicunt quod Ronsardus*
> *Certo sit factus surdus*
> *A lue Hispanica;*
> *Et, quamvis sudaverit,*
> *Non tamen receperit*
> *Auditum et reliqua.*

Ce *reliqua*, dit M. Sainte-Beuve, est assez joli, le genre admis.

Ronsard a toujours nié que cette accusation fût fondée.

entier à l'étude des lettres. Un gentilhomme, nommé le seigneur Paul, avait entretenu ce goût en lui lisant et en lui interprétant les plus beaux passages de Virgile[1]. Ce grand poète fit ses délices et il l'apprit entièrement par cœur. Il ne laissait pas toutefois de lire les poëtes français, entre lesquels il préférait Clément Marot, dont il a depuis imité le charme gracieux, le *Roman de la Rose*, dont les images un peu prétentieuses plaisaient à son imagination, et Jean Lemaire de Belges, où il puisait la première idée de la *Franciade*.

A cette époque, la Cour, où Ronsard continuait à se montrer assidûment, était à Blois. Un jour, un beau jour de printemps, en l'année 1541, le vingt-unième du mois d'avril, comme il le dit lui-même, il errait aux environs de la ville, dans ces belles prairies de la Touraine, lorsqu'il rencontra une toute jeune fille, modestement vêtue, mais ayant pour parure cette fleur

---

[1]. Selon Colletet, ce seigneur Paul était écossais et Ronsard l'avait connu à la cour de Jacques Stuart. Au dire de Baïf, il était piémontais et avait été page avec Ronsard. Binet ajoute qu'il était frère de madame Phelippes, mère de madame de Châtellerault.

de la jeunesse et de la beauté qui charme les rêveurs. Elle était grande, bien faite et d'un gracieux embonpoint; elle avait, rare perfection, des cheveux blonds ondés et des yeux noirs; son visage était vermeil, ses lèvres épanouies souriaient sans cesse, et le sourire marquait d'une fossette chacune de ses joues et la rondeur de son menton [1].

Il s'arrête, et longtemps demeure comme fasciné par cette fraîche apparition. Peut-être la rieuse fille fut-elle touchée à la vue de cet adolescent, pâli par les veilles, mais bien pris dans sa taille, au visage noble et pensif, au nez aquilin, presque blond comme elle, et qui la regardait avec des yeux pleins d'une douce gravité. Elle passa, chantant un branle de Bourgogne que le poëte n'oublia plus, puis elle disparut non sans s'être retournée, et le jeune homme était encore là, songeant toujours à la belle inconnue; mais en même temps, peut-être, rêvant à Pétrarque qui avait ainsi vu passer Laure de

---

1. Voyez, pour ces détails, les sonnets 25, 41, 65, 127, 136, 139, etc., du premier livre des *Amours* (t. I, édition elzevirienne, et pag. 134, l'*Élégie* à Janet).

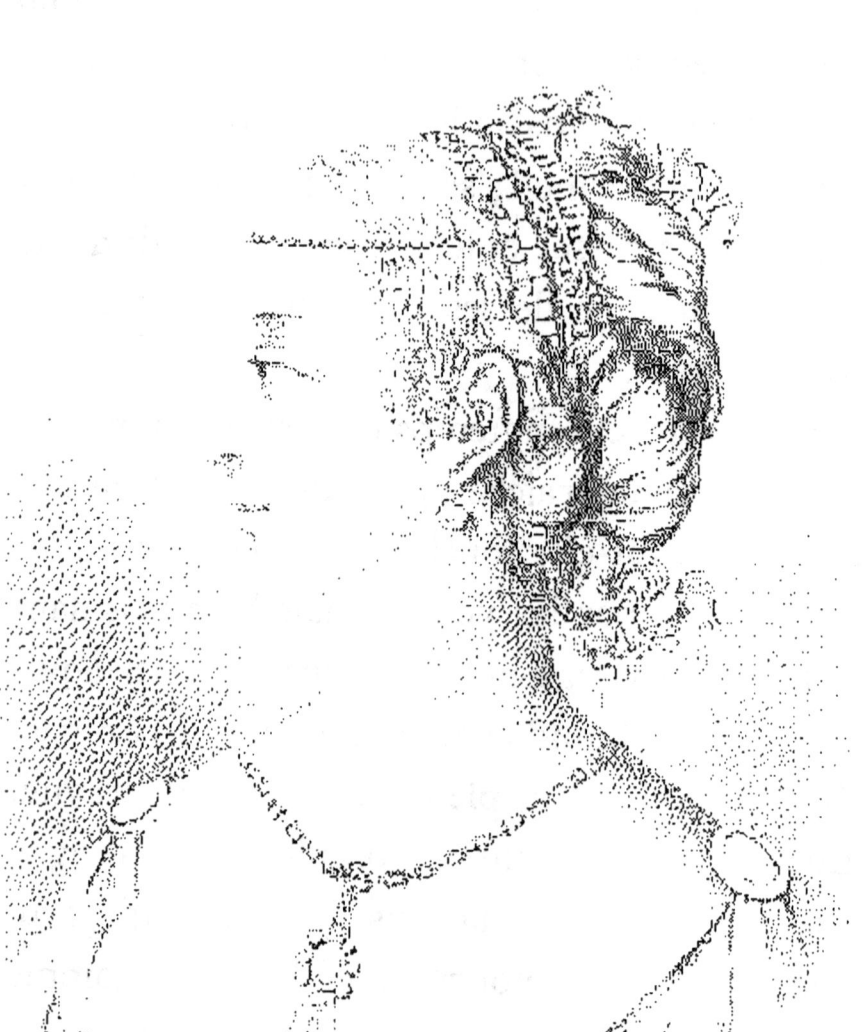

Noves sur les bords de la fontaine de Vaucluse[1].
Il avait rencontré son idéal; il était poëte!

Il lui donna le nom de Cassandre, se promettant qu'elle serait la Laure de la France, et son premier cri d'amour s'exhala dans un sonnet. Le poëte ne nous a pas dit quel fut ce sonnet, premier élan de sa passion, et je les ai vainement lus tous sans en trouver un qui portât précisément ce caractère. Longtemps aussi vainement j'ai cherché le nom de cette belle fille de Blois, qu'il aima dix ans, pour laquelle il composa ces AMOURS qui firent pendant un siècle l'admiration de la France, et dont il garda pieusement l'image dans son cœur, sans jamais avoir fléchi cette inhumaine, ni obtenu la récompense de son fidèle amour.

Brantôme qui parle de Cassandre dans ses *Dames Galantes*, ne la nomme pas; Muret dans ses commentaires y fait une allusion qu'on ne comprend pas sans en avoir la clef. Mais d'Aubigné, dans une lettre que MM. Réaume et

---

1. Ailleurs, t. I, pag. 69, il semble dire qu'il l'a rencontrée à une danse, en un jardin et qu'elle chantait : *Allégez-moi, madame*, etc., qui est une chanson de Clément Marot.

de Caussade ont publiée pour la première fois (dans l'éd. Lemerre, 1873, in-8°), dit qu'elle s'appelait mademoiselle Du Pré. Il ne révèle toutefois rien sur sa famille.

En 1543, toujours épris, mais dissimulant avec soin sa passion et surtout ses goûts poétiques, Ronsard obtint de son père la permission de reprendre ses études, à la condition toutefois d'oublier la poésie et de ne lire aucun livre français. Il se donna donc tout entier aux Grecs et aux Latins. Il exerçait alors une charge dans les écuries du Roi, près desquelles il logeait (probablement avec son père), au palais des Tournelles. Dès qu'il pouvait s'en échapper, il passait l'eau et, suivant les fossés Saint-Bernard et Saint-Victor, s'en allait à l'entrée du faubourg Saint-Marcel[1], partager avec son compagnon de voyage en Allemagne, Antoine de Baïf, les leçons du savant helléniste limousin Jean Disnemandi, qui s'est rendu célèbre sous le surnom de Dorat[2].

---

1. La maison de Baïf était située rue des Fossés-Saint-Victor, à côté et au-dessous du collége des Écossais. Elle a disparu dans les démolitions faites pour le percement de la rue des Écoles. Elle portait le numéro 23.
2. Une petite ville de la Haute-Vienne, appelée le Dorat, fut

Sur ces entrefaites (le 6 juin 1544), son père mourut presque subitement, étant de quartier chez le Roi en sa qualité de maître-d'hôtel. Il alla pieusement déposer le corps dans l'église de Couture[1]. L'amour des lettres fut un adoucisssement pour sa douleur, et personne ne contraignant plus ses goûts littéraires, il put désormais s'y livrer tout entier.

---

sans doute le lieu natal du célèbre professeur, d'où il aura pris son nom, qui a été écrit aussi Daurat ou d'Aurat, en latin *Auratus*, et en grec Αὐρατος.

1. Jeanne de Chaudrier, femme de Loys de Ronsard, reposait déjà dans l'église de Couture; car la statue qui décorait son tombeau et que l'on conserve dans la sacristie de l'église, est celle d'une femme jeune encore, tandis que la statue de Loys de Ronsard est celle d'un homme beaucoup plus âgé. Cette dernière n'a plus de jambes et le visage en a été mutilé à coups de marteau. La première est entière et mieux conservée. — Il est remarquable que dans ses œuvres, Pierre de Ronsard ne parle de sa mère qu'une fois en passant dans le sonnet 39 au IIe liv. des *Amours*.

Il résulte de pièces communiquées à la Société Archéologique de Nantes, en 1873, que Jeanne Chaudrier, fille aînée de de Jean Chaudrier, sieur de Cirières, fut orpheline de bonne heure. Elle se laissa enlever de chez sa grand'mère par Jacques de Fontbernier, seigneur de la Rivière en Poitou, qui, après l'avoir gardée trois mois, refusa de l'épouser. Mariée à Guy des Roches, sieur de la Basne, elle devint veuve et épousa, en secondes noces, le 2 février 1514, Louis de Ronsart. Elle devait alors avoir 35 ans. Elle eut de son mari trois filles et trois fils. Pierre, le dernier, naquit en 1524. Elle

Son habile professeur Dorat avait été, vers la même époque, nommé principal du collége de

avait alors 45 ans et peut-être elle mourut peu après la naissance de Pierre.

Voici, à défaut d'inscription tumulaire, les vers que Jean Bouchet a consacrés au père du poëte :

ÉPITAPHE de feu messire Loys de Roussart *(sic) en son vivant chevalier, seigneur de la Poissonnière et maistre d'hostel de Monseigneur monsieur le Dauphin.* (C'est le mort qui parle.)

Aprés avoir, en martiaulx arrois,
Par cinquante ans et plus, servy trois Roys,
Je dy trois Roys de France insuperables,
Passé les monts en forces admirables
Vingt et deux fois, pour iceulx Roys servir
Et pour leur grâce et amour deservir,
Soubs l'un d'iceulx, je fus à la bataille
Faicte sur mer, qu'on nomme la Rapaille,
Puis à Novare, à Dast et à Milan,
Où Loys Sforce, avant le bout de l'an,
Fut caultement, voire par bonne guerre,
Prins prisonnier en usurpée terre ;
Donné secours à Genes retirer,
Et par après dompter et empirer
Le grand orgueil et force de Venize ;
Rompu, gâté la tres-fiere entreprise
Et dur effort des Souysses, voulans
Se mesurer à l'ausne des plus grands,
Qui par le Roy François, soubs bonne guide,
Furent vaincus au camp Saincte-Brigide.
 Pour lesquels faicts, je fus fort familier
De tous ces Roys et créé chevalier,
Puis mis au rang des cent mansionnaires,
Qui sont nommés royaulx pensionnaires,
Et en plusieurs belles commissions

Coqueret, rue des Sept-Voies, et y avait établi une académie, où le jeune Baïf étudiait. Ron-

> D'ambassadeur, où, sans concutions,
> Me gouvernay si bien vers les estranges
> Qu'en rapportay (Dieu voulant) grans louanges.
> Consequemment avant que prendre fin
> En tout cest heur, de Monsieur le Daulphin
> Aussy du duc d'Orleans son cher frere
> Maistre d'hostel me feit le Roy leur pere,
> Et me bailla d'eux le gouvernement,
> On temps fascheux que par appoinctement
> Furent baillez bien jeunes pour ostage
> Du Roy leur pere, à son grand avantage,
> A l'Empereur, qui le pere au destroict
> Tenoit captif à tort et contre droict ;
> Où par quatre ans et demy pour compaigne
> Eusmes rigueur seulement en Espaigne.
>   Et ces travaux et grands labeurs passez,
> De patience en doulceur compassez,
> Continué je fuz en mon office
> Quinze ans et plus par fortune propice,
> Et puis avoir par soixante-quinze ans
> Passé mes jours la pluspart desplaisans,
> L'an mil cinq cens avec quarante-quatre
> La mort me vint soubdainement abattre
> Au lict d'honneur, par merveilleux hazart,
> Qui fus toujours nommé Louis Roussard,
> En mon vivant sieur de la Possonniere.
> Je vous suply, lecteurs, trouver maniere
> Par oraison, vos jusnes et biensfaictz,
> Que Dieu me loge au logis des parfaictz.
>
>   (*Les Généalogies, Effigies et Épitaphes des Roys de France*, etc., par Jehan Bouchet. Poictiers, Jacques Bouchet, 1545, in-fol., ft. 85 verso.)

sard se remit sur les bancs avec lui et alla demeurer au collége même [1]. Beaucoup plus âgé que Baïf, ayant vingt ans passés tandis que son ami n'en avait que seize, par son infatigable travail il eut bien vite réparé le temps perdu [2].

Claude Binet ajoute que :

« Ronsard ayant été nourri jeune à la Cour,
« accoutumé à veiller tard, continuait l'étude
« jusques à deux ou trois heures après mi-
« nuict, et se couchant reveilloit Baïf qui se
« levoit, prenoit la chandelle, et ne laissoit
« refroidir la place. En ceste contention d'hon-
« neur, il demeura sept ans avec Dorat, con-
« tinuant toujours l'estude des lettres grecques
« et latines, de la philosophie, et autres bonnes
« sciences. Il s'adonna deslors souvent à faire
« quelques petits poëmes, premiers essais d'un
« si brave ouvrier. Quand Dorat eut veu que
« son instinct se deceloit à ces petits échan-

---

1. Le logement qu'occupait son père lui fut peut-être retiré à cette époque.

2. La plupart des renseignements qui précèdent ont été fournis par Ronsard lui-même dans sa vingtième élégie, adressée à Remy Belleau. (T. IV, p. 296, éd. elzev.)

« tillons, il luy leut de plain vol le *Prométhée*
« d'Eschyle.

« Si tost que Ronsard en eut savouré les
« beautez : « Et quoy, dit-il à Dorat, mon mais-
« tre, m'aviez-vous caché si long temps ces
« richesses? »

« Alors par le conseil de son precepteur, il se
« mit à tourner en françois le *Plutus* d'Aristo-
« phane, et le fit representer en public au theatre
« de Coqueret. Ce fut la premiere comedie
« françoise jouée en France. Baïf aussi y mit son
« envie, et à l'exemple de ces deux jeunes
« hommes, plusieurs beaux esprits vindrent
« boire en ceste fontaine dorée; comme Marc-
« Antoine de Muret, Lancelot Carles, Remy
« Belleau, et quelques autres. »

Vers cette époque Ronsard, au retour d'une excursion à Poitiers, rencontra dans une hôtellerie un jeune homme, qui venait d'achever son droit dans cette ville. Ils voyagèrent ensemble, et il se trouva qu'ils étaient non-seulement parents, mais frères en poésie, de sorte qu'une fois arrivés à Paris, les deux nouveaux amis ne voulurent plus se quitter.

C'était Joachim Du Bellay qui vint augmenter

la colonie poétique du faubourg Saint-Marcel. Et tous, à l'envi l'un de l'autre, commencèrent à jeter les fondements d'une littérature nouvelle.

Cette *Brigade*, comme elle se nommait alors, fut le premier noyau de la célèbre *Pléiade*, dont parle Binet dans les termes suivants : « Ronsard
« ayma et estima sur tous, tant pour la grande
« doctrine et pour avoir le mieux escrit, que
« pour l'amitié à laquelle l'excellence de son
« sçavoir les avoit obligez, Jean Anthoine de
« Baïf, Joachim du Bellay, Ponthus de Tyard,
« Estienne Jodelle, Remy Belleau, qu'il appe-
« loit le peintre de nature, la compagnie desquels
« avec luy et Dorat à l'imitation des sept excel-
« lents poëtes grecs, qui florissoient presque
« d'un mesme temps, il appela la *Pléiade;* par
« ce qu'ils estoient les premiers et plus excel-
« lents, par la diligence desquels la poësie fran-
« çoise estoit montée au comble de tout hon-
« neur. Il mettoit aussi en cet honorable rang
« Estienne Pasquier, Olivier de Magny, J. de
« la Peruse, Amadis Jamin qu'il avoit nourri
« page et fait instruire, Robert Garnier, poëte
« tragique, Florent Chrestien, Scevole de
« Saincte-Marthe, Jean Passerat, Philippes

« des Portes, Jacques Davy du Perron, et le
« poly Bertaud, lesquels ont si purement escrit
« qu'ils me font desesperer de voir jamais nostre
« langue en plus haute perfection. Il faisoit en-
« core estat de quelques autres, dont le juge-
« ment est en ses œuvres. »

Telle fut cette *Pléiade* poétique qui devait, pendant tout le cours du XVIe siècle, après avoir supplanté l'ancienne littérature, régner sur l'opinion publique, jusqu'au jour où Malherbe, ce génie correct mais glacé, la détrôna tout en la continuant.

Depuis sept ans entiers Ronsard étudiait, composait, travaillait ses ouvrages, et n'avait encore rien publié. Cassandre qu'il aimait toujours, qu'il venait sans doute de voir quand il rencontra Du Bellay, lui avait inspiré ses *Amours*. Quatre livres d'Odes pindariques et anacréontiques étaient prêts à voir le jour ; mais il dédaignait la faveur populaire ; et c'est à peine si le cénacle connaissait quelques-unes de ces œuvres longtemps mûries et impatiemment attendues. Il avait même négligé de faire imprimer son *Plutus*, joué avec tant de succès au collége de Coqueret, et dont on n'a plus que des fragments.

Du Bellay, le dernier venu et le plus impatient de tous, a beau sonner d'abord la charge et, par son *Illustration de la langue françoise*[1], commencer l'attaque contre ceux qu'il appelle *les soldats de l'ignorance,* Ronsard se tait toujours. « Il laisse Pelletier publier avant lui ses
« Odes, et Jodelle se glorifier d'avoir le premier
« mis sur la scène la comédie grecque. Ni les
« suffrages du peuple qu'il méprise, ni les joies
« de la lutte pour laquelle il se sent fait, et de la
« victoire qu'il se promet, ni le désir de prendre
« à la Cour la place qui appartient au roi des
« poëtes à côté du Roi de France, ne le décident
« à mettre au jour ses œuvres, bien qu'elles
« soient parfaites, dignes non pas du lecteur, à
« qui personne avant lui n'a donné le droit
« d'être difficile, mais de lui-même et des mo-
« dèles qu'il veut égaler[2].

S'il est l'ami du Roi, son aîné de cinq ans, et avec qui il a été élevé, c'est seulement pour chevaucher, escrimer, lutter, jouer à la paume avec lui.

---

1. *La Deffence et Illustration de la langue françoyse*, par I. D. B. A. (Paris, Arnoul Langelier, 1549, in-8.)
2. Gandar. *Étude sur Ronsard.* (Metz, 1854, in-8.)

« Et de fait, dit Binet, le Roy ne faisoit partie
« où Ronsard ne fust appelé de son costé; tes-
« moin que le Roy fit partie au ballon dans le
« Pré aux Clercs avec Mr de Longueville, où le
« Roy ne voulust jamais commencer le jeu qu'il
« n'y fust, et dit tout haut, après avoir gaigné,
« que Ronsard en estoit la cause. »

Enfin les instances de ses amis le décidèrent à faire imprimer l'*Épitalame d'Antoine de Bourbon et Jeanne de Navarre* (1549). Cette pièce de circonstance fut bientôt suivie de l'*Hymne à la France*[1], qu'il supprima depuis, et de l'*Ode de la paix* (1550).

C'était le prélude des Odes. Elles parurent la même année[2] et leur publication fut hâtée par une indiscrétion de Du Bellay, qui faillit brouiller les deux amis.

Ronsard enfermait avec soin dans son *Estude*, les recueils encore inconnus de ses vers. Un jour il s'aperçoit que le cahier des Odes a disparu. Ses amis seuls ont pénétré chez lui; c'est

---

1. Le titre de cette pièce porte : *Par Pierre de Ronsart*.
2. *Les Quatre premiers livres des Odes de Pierre de Ronsard, Vandômois, ensemble son Bocage.* Paris, G. Cavellart, 1550, in-8.

l'un d'eux certainement qui s'est rendu coupable du larcin. Est-ce Baïf, Belleau ou Du Bellay ? Ce dernier semble se cacher de lui depuis quelque temps et travaille en secret. Il vient d'obtenir un privilége et hante souvent la boutique de L'Angelier. Ronsard réclame, insiste et menace d'intenter une action pour le recouvrement de ses papiers. Le repentir suivit de près l'offense. Du Bellay vint se mettre à la merci de Ronsard et lui offrir le sacrifice des Odes qu'il avait faites à son inspiration. Ronsard lut les vers de son ami repentant, les loua fort et l'excita à continuer. Toutefois le livre de Du Bellay ne parut point sous le titre d'*Odes*, mais sous celui de *Recueil de poésie présenté à madame Marguerite, sœur unique du Roy* [1].

---

1. L'excessive rareté des premières éditions de J. Du Bellay est cause que cet épisode a été fort inexactement raconté.

Ce n'est pas Cavellat, mais Arnoul L'angelier, qui obtint le premier un privilége pour l'*Illustration de la Langue françoise* et l'*Olive*; ce privilége est daté du 28 mars 1548. L'*Olive* et l'*Illustration* ont paru avant le *Recueil de poésie présenté à Madame Marguerite*, qui fut publié pour la première fois à Paris, chez Arnoul Langelier (1549, in-8). L'édition de G. Cavellat (1553, in 8) est la seconde. Du Bellay avait d'abord donné un certain nombre d'odes à la suite de

Les Odes de Ronsard eurent un succès d'enthousiasme, dont le retentissement n'avait fait que grandir, lorsque, deux ans après, la publication des Amours[1] vint y mettre le comble. Il s'élance des bancs du collége et atteint d'un seul coup le premier rang parmi ses contemporains. Que dis-je? c'est Horace, c'est Pétrarque, c'est Pindare! Ses rivaux de la veille, Baïf, Belleau, Du Bellay, Muret, deviennent ses premiers admirateurs. « Dorat et Turnèbe eux-mêmes, dit
« M. Sainte-Beuve, qu'il faut toujours citer,
« s'étonnent de leur propre admiration pour
« un disciple, pour un poëte français, né d'hier,
« et ne savent que le saluer dès ses premiers
« essais, du surnom d'Homère et de Virgile. »

---

la première édition des *Sonnets à Olive*; mais, voulant faire une espèce de réparation à Ronsard offensé, il les supprima dans la seconde, imprimée en 1550, et ne les rétablit que dans les suivantes.

Je dois ces curieux détails à mon regrettable ami Édouard Turquety, si versé dans la connaissance des poëtes du seizième siècle, qui a fait une étude très consciencieuse et très approfondie des éditions originales de J. du Bellay, son poëte favori.

1. *Les Amours de P. de Ronsard, vandomois, ensemble le cinquiesme de ses Odes.* Paris, veuve Maurice de Laporte, 1552, in-8.

L'académie des Jeux floraux de Toulouse ne croit pas faire assez en lui décernant l'amaranthe d'or qu'elle donne aux poëtes; elle lui envoie, sans qu'il ait concouru, une Minerve d'argent massif de grand prix, que Ronsard, habile courtisan, offrit à Henry II[1]. Il adressa en même temps, pour remerciement à l'académie de Clémence Isaure l'*Hymne de l'Hercule chrétien*, dédié à Odet, cardinal de Chastillon, alors archevêque de Toulouse[2].

Pierre L'Escot, architecte du Louvre, sculpte en bas-relief sur un des frontons, la Renommée en face de la Gloire avec cette inscription : VIRTUTI REGIS INVICTISSIMI, et, selon le récit de Claude Binet, répond à Henry II, qui lui demandait l'explication de cette allégorie : « Sire, « j'ai représenté, vis-à-vis de la Gloire du Roi, « la Muse de Ronsard; et cette trompette qu'elle « tient en main, c'est la *Franciade*, qui répan-

---

1. Pélisson, dans son *Histoire de l'Académie*, affirme que c'était un Apollon d'argent.
2. Cette dédicace était un acte de reconnaissance; car ce fut à l'initiative du cardinal de Châtillon et de Pibrac, alors membre du parlement de Toulouse, que Ronsard dut l'hommage que lui décernait la célèbre Académie.

« dra par tout l'univers le renom de la France
« et celui de Votre Majesté ! »

Cette haute fortune poétique ne s'établit cependant pas sans opposition. L'école de Clément Marot : Héroet, La Boderie, Paul Augier, Charles Fontaine, et, à la tête de tous les autres Melin de Sainct-Gelays, commencèrent une guerre d'épigrammes contre ces *pindariseurs*, dont le but était de renverser la littérature naïve et spirituelle qui avait été en honneur jusque là. Sainct-Gelays, en présence de Henry II lui-même, attaqua Ronsard qui eût succombé sous une raillerie appuyée par un sourire du Roi, si la duchesse de Berry, la belle Marguerite de France, n'eût elle-même pris en main la défense de celui qui peut-être était pour elle quelque chose de plus qu'un poëte préféré. Elle plaida si bien sa cause que le Roi, changeant d'opinion, non-seulement se rendit à l'avis de sa sœur, mais encore alloua une pension au poëte injustement dénigré[1].

---

1. Ronsard lui-même a raconté dans des strophes que M. Édouard Turquéty a le premier retrouvées et signalées, l'attaque de Sainct-Gelays et la manière dont Marguerite le défendit.

Rabelais, qui avait eu quelque raison de se plaindre de Ronsard, lorsqu'ils voyageaient ensemble à la suite de Langey, se déclara aussi contre les novateurs. Ronsard allait souvent à Meudon chez le cardinal de Lorraine et logeait dans une tour au milieu du parc; le joyeux curé le rencontrait quelquefois et ne manquait jamais, en présence du cardinal, de lui décocher quelque sarcasme. Cette guerre n'eut un terme qu'à la mort du grand railleur.

La querelle avec Sainct-Gelays fut moins longue. Guillaume des Autels, ami des deux poëtes, entreprit de les réconcilier et il y réussit, du moins en apparence; car Ronsard effaça les vers où il se plaignait d'avoir été *pincé* par la *tenaille de Melin* et lui adressa cette ode :

Tousjours ne tempeste enragée
Contre ses bords la mer Egée.

Sainct-Gelays répondit par un sonnet flatteur à son ancien adversaire. Ce sonnet, qui se trouve en tête de la seconde édition des *Amours* de Ronsard [1], ferait penser, selon Colletet, que

---

1. Paris, V. Sertenas, (ou Vefve Maurice de la Porte, 1553, in-8.

Sainct-Gelays était lui-même épris de Cassandre et qu'ils n'étaient pas moins rivaux en amour qu'en poésie. Il commence ainsi :

> *D'un seul malheur se peut lamenter celle*
> *En qui tout l'heur des astres est compris ;*
> *C'est, ô Ronsard, que tu ne sois espris*
> *Premier que moy de sa vive estincelle* [1].

Au fond, la réconciliation ne fut pas bien sincère ; car, dans les œuvres de Sainct-Gelays, ce même sonnet ne s'adresse plus à Ronsard, mais à Clément Marot.

Néanmoins le succès de la nouvelle école était désormais assuré, par la haute protection de la duchesse de Berry. Tous ces illustres *Pindariseurs* célébraient à l'envi

> *cette belle Déesse,*
> *La Marguerite honneur de notre temps,*
> *Dont la vertu fleurit comme un printemps.*

Ronsard surtout, dont elle était l'aînée de quel-

---

1. Ce sonnet, qui ne se voit pas dans les *Œuvres poétiques de Mellin de Saint-Gelais* (Lyon, Ant. de Harsy, 1574, in-8), a été donné dans l'édition de 1719, in-12. Je ne sais où l'éditeur l'avait pris. Il se trouve aussi dans l'édition de Sainct-Gelays, avec les notes de Lamonoye, que j'ai publiée dans la *Bibl. Elzév.* Paris, Daffis, 3 vol. in-16.

ques mois seulement, avait voué à sa beauté le plus pur de son encens poétique ; il vécut prosterné devant l'idole, et n'éleva qu'en secret jusqu'à elle ses vœux les plus ardents. Mais ni Cassandre, ni Marie, ni aucune autre ne purent suffire à combler le vide de son cœur et empêcher qu'il ne mourût en adorant sa grande Marguerite.

En cherchant bien parmi les vers dédiés à ses maîtresses, on en trouverait qui visaient plus haut et plus loin que le poëte n'eût osé le dire. Ne suffirait-il pas de faire remarquer que les sonnets brûlants écrits pour celle qu'il cachait sous le nom de Sinope, ont été publiés en 1559, l'année même où Marguerite épousa le duc de Savoie ?[1]

Quoi qu'il en soit, Cassandre servit pendant dix ans de texte à ses vers ; mais las enfin de n'être point aimé, il consacra à une autre beauté ses nouvelles amours.

Un 20 avril, comme il parcourait l'Anjou avec

---

1. Les sonnets pour Sinope sont dans le t. I de l'éd. elzev. pag. 193, sonnet xxxviij, à la pag. 197, sonnet xlvij, et de la pag. 403, sonnet xxx, à la pag. 405, sonnet xxxiv.

Baïf, il rencontra à Bourgueil cette *fleur angevine de quinze ans*, à laquelle il voua pendant six ans sa poésie, sans être mieux récompensé que par Cassandre. Car il dit positivement, dans le *Voyage de Tours,* qu'elle en aima un autre ; et pour que l'affront fût plus cruel, cet autre était un de ses cousins, Charles de Pisseleu, qui ne prétendait point encore à l'évêché de Condom.

Il ne laissa pourtant pas de chanter l'inhumaine jusqu'à sa mort et de la pleurer encore quand elle ne fut *plus qu'un peu de cendre.*

Quel était le vrai nom de cette seconde maîtresse ? — Est-ce, comme Nodier l'a supposé, une sœur d'Anne de Marquets, la religieuse poëte et savante du couvent de Poissy, Marie de Marquets, dont le nom s'est retrouvé écrit sur ses Heures avec des vers que l'ingénieux écrivain attribue à Ronsard ?[1] — Je ne le pense pas. Marie de Marquets, née sans doute en Normandie, dans le comté d'Eu, comme sa sœur, ne

---

1. Nodier affirme à tort que ces vers sont autographes. Il a dû être induit en erreur en les comparant avec un manuscrit du second livre de la *Franciade*, conservé à la Bibliothèque nationale, et dont les caractères, tracés d'un main calme, rappellent en effet ceux des vers en question. Mais

saurait passer pour la Marion du voyage de Tours, *la petite pucelle Angevine*, qui prit le cœur du poëte par un beau matin d'avril. D'ailleurs l'hypothèse de Nodier repose tout entière sur la supposition que les vers inscrits dans les Heures de Marie de Marquets seraient un autographe de Ronsard. Mais s'ils sont, comme je le crois, d'une autre main que la sienne, tout s'écroule et c'est autre part qu'on doit chercher un nom pour la Marie du poëte.

S'il m'était permis de hasarder une conjecture, ce nom serait *Marie du Pin*. Ne s'écrie-t-il pas :

> *J'aime un pin de Bourgueil, où Vénus appendit*
> *Ma jeune liberté...*

Et plus loin :

> *Si quelque amoureux passe en Anjou, par Bourgueil,*
> *Voye un pin eslevé pardessus le village...*

Enfin, dans le voyage de Tours :

> *J'irois jusqu'à Bourgueil*
> *Et là, dessous un pin, couché sur la verdure.....*

---

ce manuscrit n'est certainement pas de Ronsard. Ce n'est point cette écriture fiévreuse, difforme et saccadée, dont quelques pages authentiques sont parvenues jusqu'à nous. — C'est une copie. Je la crois d'Amadis Jamyn, son page et son secrétaire.

Je ne crois pas qu'il en faille davantage pour justifier ma supposition aux yeux de qui connaît l'esprit du XVI° siècle [1].

Le poëte n'avait pas négligé les occasions d'oublier, entre les bras de beautés moins sévères, la cruauté de Marie [2]. Après avoir épanché la première douleur que lui causa sa perte, ce cœur facile à prendre ne se fixe plus et porte en différents lieux ses mobiles amours [3]. Tantôt c'est une dame d'Estrées (qu'il déguise sous le pseudonyme d'Astrée); tantôt une plus grande encore : osons nommer Marguerite de France, sœur de Henri II [4]; tantôt c'est Genèvre, qui, au

---

1. Il serait peut-être possible de vérifier cette conjecture en recherchant à qui appartenait à cette époque une propriété située à Bourgueil et qui s'appelait *le Port-Guyet*. (Voyez le *Voyage de Tours*, page 192 du premier volume de l'éd. elzev.).

2. Ronsard a aimé au moins deux dames du nom de Marie.

3. Plusieurs des poésies amoureuses de notre auteur (entre autres les vers d'Eurymedon et de Callirée, faits pour Charles IX et mademoiselle d'Atrie) ont été composées à la demande de grands personnages.

4. Muret, dans son commentaire sur *les Amours*, rapporte que les sonnets 106, 189, 199, etc., du I° livre, ont été faits pour une grande dame dont il parle avec beaucoup de réserve et qui s'appelait Marguerite. Brantôme ne ménage point cette princesse, et sans affirmer que Ronsard était ce

dire de Claude Garnier, « étoit une haute femme, claire brune, mariée au concierge de la geôle de Saint-Marcel, et nommée Geneviève Raut. » Furetière, dans le *Roman Bourgeois*, dit que Cassandre n'était réellement qu'une grande Halebreda, qui tenait le cabaret du Sabot, dans le faubourg Saint-Marcel. Il est évident que Furetière a confondu Cassandre avec Genèvre; car, sauf le nom, son témoignage s'accorde avec celui de Garnier. Colletet pense que c'était plutôt la femme de Blaise de Vigenère, dont le nom de Genèvre est l'anagramme. Il allègue, comme preuve à l'appui, que Ronsard rencontrant, sur le quai de la Tournelle, Vigenère qui y demeurait, ils se prirent de querelle et leurs amis communs eurent grand'peine à empêcher un duel.

Dans les dernières années de Henry II, Ronsard publia ses *Hymnes* qu'il dédia à sa royale amie Marguerite, (1555), et la continuation de ses *Amours* (1556).

Sous le règne si court et si tourmenté de François II, les lettres n'eurent guère le temps

---

gentilhomme « dont elle fut si friande qu'elle le tint un mois entier dans son cabinet », il est bien permis de croire qu'il fut de ceux qui eurent part à ses faveurs.

de fleurir, au milieu des guerres religieuses. Cependant la belle Marie Stuart adorait la poésie et en particulier celle de Ronsard. Ce fut probablement pour elle qu'il donna la première édition de ses Œuvres[1]. Mais peut-être ne put-il pas même lui en offrir un exemplaire, car le petit roi mourut à Orléans le jour même où l'on achevait d'imprimer le quatrième volume, et la jeune veuve repartit pour sa brumeuse Écosse, léguant à la France le souvenir de sa beauté et ce cri plaintif dont un poëte a fait une chanson mélancolique :

Adieu, plaisant pays de France !.....

A ce Roi mort dans sa dix-huitième année, à cette Reine de seize ans, qui n'avait fait que briller un instant sur le trône, pour tomber, du veuvage, dans la captivité, puis dans la mort, succéda Charles IX, âgé de dix ans. Cet enfant couronné, au corps débile, au tempérament irritable et nerveux, mais à l'âme rêveuse et poétique; cet esprit concentré qui étouffait sous la main de sa mère, et s'éteignit phthisique à

---

[1]. Paris, G. Buon, 1560. Quatre volumes in-16 carré.

vingt-quatre ans; Charles IX, au nom de qui furent commis tant de crimes, avait pris Ronsard en grande affection. Il lui avait donné un logement dans son palais; il ne pouvait s'en séparer même dans ses voyages, lui écrivait souvent, lui adressait des vers dont quelques-uns ont été conservés; et, quoiqu'il dît en riant qu'*un bon poëte ne se doit pas plus engraisser qu'un bon cheval*, il lui accorda des pensions, des bénéfices, tels que l'abbaye de Bellozanne, celle de Beaulieu, celle de Croixval et plusieurs prieurés. Selon du Perron (oraison funèbre de Ronsard), le prieuré de Saint-Cosme-lès-Tours, fut le premier bénéfice ecclésiastique obtenu par le poëte. Charles poussa même ses témoignages d'amitié pour le poète jusqu'à aller, avec la Reine sa mère, et ses deux frères Henry et François (Henry III et le duc d'Anjou), lui faire une visite à son prieuré de Saint-Cosme. Le fait est attesté par les sonnets que Ronsard leur adressa en cette circonstance.

On raconte qu'un jour, se rendant au palais pour la vérification de quelques nouveaux édits, le Roi aperçut Ronsard dans la Grand'Salle, au milieu de la foule. Il l'appela, et lui fit fendre la presse en disant tout haut : « Viens mon cher poëte, viens t'asseoir avec moi sur mon trône royal ! [1] » Ronsard refusa cet insigne honneur ; mais sa gloire s'en accrut encore.

Cette amitié de Charles IX alla jusqu'à exciter le poëte à écrire des satires, sans ménagement pour personne, sans respecter même la majesté royale. C'est à cette invitation qu'on doit la *Dryade violée*, où il reproche au Roi d'avoir fait vendre les chênes séculaires de la forêt de Gastine :

Quiconque aura premier, etc. (Œuv. t. IV, p. 347.)

Binet cite encore celle qui commence ainsi :

Il me desplait de voir un si grand Roy de France,

que je n'ai pu retrouver, et une autre dont le premier vers est :

Roy le meilleur des Roys.

L'Estoile l'avait conservée et je l'ai insérée dans

---

1. Il y a lieu de révoquer en doute l'exactitude du récit, l'étiquette de ces assemblées s'opposant formellement à une pareille proposition.

les Œuvres inédites de Ronsard[1]. Binet parle enfin d'une dernière satire qu'il appelle : *La Truelle Crossée*, où « il blasme le Roy de ce
« que les bénéfices se donnoient à des maçons et
« autres plus viles personnes, taxant particu-
« lièrement un De Lorme, architecte des Tuil-
« leries, qui avoit obtenu l'abbaye de Livry, et
« duquel se trouve un livre non impertinent de
« l'architecture[2]. Et ne sera hors de propos de
« remarquer icy la mal-vueillance de cest abbé,
« qui par vengeance fit un jour fermer l'entrée
« des Tuilleries à Ronsard, qui suivoit la Royne-
« mere ; mais Ronsard, qui estoit assez mordant
« quand il vouloit, à l'instant crayonna sur la
« porte, que le sieur de Sarlan luy fit aussi tost
« ouvrir, ces mots en lettres capitales : FORT.
« REVERENT. HABE. Au retour, la Royne voyant
« cest escrit, en presence de doctes hommes et
« de l'abbé de Livry mesmes, voulut sçavoir
« que c'estoit. Ronsard en fut l'interprete, aprés
« que de Lorme se fut plaint que cest escrit le

---

1. Paris, Aubry, 1855, in-8, et Œuvres, T. VIII.
2. Je crois avoir retrouvé la *Truelle Crossée*. C'est un sonnet satirique inséré dans le volume prélim. des œuvres.

« taxoit; car Ronsard luy dit par une douce iro-
« nie : « Prenez ceste inscription pour vous, la
« lisant en françois; mais elle vous convient
« encor mieux en latin, car elle contient les pre-
« miers mots racourcis d'un epigramme latin
« d'Ausone : *Fortunam reverenter habe*, ce qui
« veut dire : apprenez à respecter vostre pre-
« miere et vile fortune, et ne fermez la porte
« aux Muses. » La Royne ayda Ronsard à se
« venger; car elle tança aigrement l'abbé de
« Livry et dit tout haut, aprés quelque risée,
« que les Tuilleries estoient dédiées aux Muses. »

Ce n'est pas la seule occasion où Catherine de Médicis se montra la protectrice du poëte; car lorsque cédant encore aux invitations du Roy qui lui demandait des satires, il écrivit son *Discours des miseres de ce temps*[1], elle et Charles IX lui en firent des remercîments publics.

Il reçut aussi à cette occasion une lettre de félicitations du pape Pie V.

Mais cette violente diatribe, récompensée par des honneurs si grands, fut le signal de répliques plus virulentes encore. Les calvinistes publièrent

---

1. Paris, G. Buon, 1563, in-4.

contre lui des poëmes satiriques intitulés : *le Temple de Ronsard*[1], *la Métamorphose de Ronsard en prestre*, etc., dont les auteurs étaient Florent Chrestien, Grévin, et le ministre La Roche-Chandieu, sous les pseudonymes de F. de la Baronie, A. Zamariel et B. de Mont-Dieu. N'osant nier son génie ils lui reprochèrent, étant prêtre, de mener une vie licencieuse, d'être athée et d'avoir, au village d'Arcueil, sacrifié un bouc en l'honneur de Jodelle, etc.

Ronsard répond de manière à confondre ses calomniateurs : il vit du revenu de bénéfices qui lui ont été donnés; à son grand regret il n'est pas prêtre; mais sa vie est honorable et pieuse; il la décrit dans sa *Réponse à quelque ministre*[2]. Quant à l'histoire du bouc, c'est une folie de carnaval. La Brigade fêtait à Arcueil le succès de la tragédie de Cléopâtre, que Jodelle avait fait représenter devant Henry II. Chacun faisait quelque plaisanterie ou récitait quelques vers folâtres[2]. Un bouc vient à passer dans la rue. Les souvenirs classiques s'éveillent. Le

---

1. Paris, Buon, 1563, in-4.
2. C'est de l'époque du festin d'Arcueil que doivent être datées les *Gayetez*, publiées d'abord sans nom d'auteur sous

bouc était la victime que l'antiquité offrait à Bacchus ; c'était aussi le prix de la tragédie. On s'empare de l'animal, on le couronne de lierre et, aux rires de l'assemblée, on le fait entrer dans la salle du festin ; puis, après l'avoir présenté à Jodelle, on le renvoie à son troupeau. Tout cela ne fut qu'une mascarade, et il fallait une animosité bien envenimée pour y voir autre chose.

La haine des religionnaires ne se borna pas à des paroles. Ronsard dit, dans sa *Remonstrance au peuple de France*, qu'un jour on lui tira cinq coups d'arquebuse et qu'il eut beaucoup de peine à s'échapper sain et sauf.

Les écrivains protestants prétendirent, de leur côté, qu'il avait pris les armes contre eux et notamment qu'en 1554, associé aux seigneurs de Maillé et à du Bellay de la Flotte, il aurait massacré plusieurs de leurs coreligionnaires

---

le titre de : *Livret de Folastries, à Janot, parisien*. Paris, 1553, in-12. *Le Temple de Ronsard* nous apprend que ce *Livret* fut condamné par arrêt du Parlement à être brûlé. Il est probable que la réimpression de 1584 (s. l., in-12) fut aussi brûlée ; car on ne connaît guère qu'un ou deux exemplaires de chaque édition. Ce livret fut en réalité le gros péché du Poëte.

dans la plaine de Couture. Théodore de Bèze[1] dit que « s'étant fait prestre il se voulust mesler « en ces combats avec ses compagnons et, pour « cest effect, ayant assemblé quelques soldats « en un village nommé d'Evaillé, dont il estoit « curé, fist plusieurs courses, avec pilleries et « meurtres. » Sponde[2] raconte que la noblesse du pays le choisit pour chef et qu'il fit beaucoup de mal aux profanateurs des églises.

Varillas (dans son histoire de Charles IX) ajoute, en lui attribuant toujours la cure d'Évaillé, qu'il disait spirituellement, pour s'excuser de cette équipée guerrière, que n'ayant pu protéger ses paroissiens avec la clef de saint Pierre, il lui avait bien fallu prendre l'épée de saint Paul.

Ronsard, que nous avons vu regretter de n'être pas prêtre, ne parle nulle part de cette levée de boucliers. Évidemment il a été confondu avec un de ses frères, Louis de Ronsard, abbé de Tyron, curé d'Évaillé dans le Maine[3].

---

1. *Hist. eccl.*, liv. 7, pag. 538.
2. *Spondani Annales ecclesiasticæ*, ad ann. 1562.
3. Le commentateur des *Discours sur les misères*, Garnier, laisse à penser que Ronsard était archidiacre du Mans ; mais il résulte des recherches de M. le comte A. de Rochambeau, que ces fonctions appartenaient à Charles de

Après ce conflit, la gloire du poëte ne fut que plus éclatante. Aimé du Roi et de la Reine-mère, vivant dans leur intimité, il voit la presse se disputer les moindres produits de sa plume et les éditions de ses œuvres se succéder rapidement[1]. Ses poésies se déclament et se chantent non-seulement à la Cour, mais jusque dans les rues, et quand il traverse la ville, on se montre avec admiration le poëte qui passe. Cependant cette vie de courtisan, à laquelle il se trouve entraîné, dirige son génie dans une voie plus

---

Ronsard. Quant à la cure d'*Évaillé*, M. de Passac (*Vendôme et le Vendômois*) remarque avec raison que l'abbé de Tyron, Louis de Ronsard, a fort bien pu la posséder. Cette paroisse relevait de la baronnie de Touvoye, dans le Maine, entre Saint-Calais et le Grand-Lucé. Un récent témoignage confirme la remarque de M. de Passac. Madame la marquise d'Argence a eu la bonté de me communiquer une lettre conservée dans les archives de son château du Grand-Lucé (Sarthe). Cette lettre, dont l'écriture ne rappelle nullement celle du poète, est signée L. de Ronsard et annonce, en termes assez secs, la mort de Charles IX au comte de Montafier, seigneur de Lucé, du chef de sa femme Anne de Pisseleu. Le curé d'Évaillé était donc Louis de Ronsard, abbé de Tyron. En tout cas, Pierre n'aurait pu posséder qu'en commande la cure d'Évaillé; car il affirme n'avoir jamais été prêtre.

1. En vingt-quatre ans, de 1560 à 1584, il parut six éditions des œuvres de Ronsard, et le nombre de pièces volantes, publiées par lui dans cet espace de temps, est presque incalculable.

productive, qui lui attire plus de louanges, mais qui lui prépare moins de gloire auprès de la postérité. Ce n'est plus le rival de Pindare, ni le Pétrarque de la France; c'est le poëte de la Cour.

De cette époque datent ces poëmes officiels, ces mascarades, ces entrées, ces ballets, qu offrent encore quelque intérêt historique ; mai dont le plan rapidement conçu, dont les vers, écrits à la hâte et quelquefois sans inspiration, marquent déjà une décadence. Pourtant il ébauche cette *Franciade*, dont il a si longtemps entretenu ses amis et les Rois ses protecteurs. Le plan des dix-huit premiers livres est écrit; celui des six derniers, qui doivent compléter l'œuvre, n'existe encore que dans l'esprit du poëte; mais il commence son travail, et chacun des premiers chants est tour à tour soumis isolément à l'approbation de Charles IX. La Bibliothèque impériale possède une de ces copies partielles, le manuscrit du deuxième chant. C'est un in-folio de 84 pages, relié en vélin blanc doré, portant, peintes sur chaque plat, les armes de France, qu'entoure le Collier de Saint-Michel[1].

---

1. Bib. nat., manuscrits, n° 1665 du fonds Saint-Germain.

Enfin, quatre chants sont terminés; ils ont été écrits, malgré le vœu du poëte, sur le rhythme peu favorable imposé par le royal collaborateur, qui les a lui-même revus et approuvés; Amadis Jamyn a tracé sur la première page :

> *Tu n'as Ronsard composé cet ouvrage;*
> *Il est forgé d'une royale main.*
> *Charles sçavant, victorieux et sage,*
> *En est l'autheur, tu n'es que l'escrivain.*

La préface est prête; le livre s'imprime; mais la Saint-Barthélemy le devance de dix-huit jours, et le bruit du poëme se perd étouffé dans le bruit bien autrement retentissant du terrible coup d'État (1572).

Ni Binet ni Colletet n'ont remarqué cette coïncidence, qui explique le peu de succès de l'ouvrage. Est-ce à ce premier dégoût, est-ce à des causes plus anciennes qu'on doit attribuer le délabrement de la santé du poëte? Toujours est-il qu'à partir de cette époque il commença à être *assailli*, comme dit Binet, *de gouttes fort douloureuses*.

Il était sans doute malade et loin de la Cour lorsque Charles IX mourut; car j'aime à croire qu'il eût été du nombre de ces quatre gentilshommes qui, seuls avec Branthôme, suivirent le convoi royal jusqu'à Saint-Denis.

M. Gandar dit qu'à la mort de Charles IX, une solitude immense se fait autour de Ronsard. Il est vrai que, sous Henri III, il cesse de vivre en courtisan ; mais quoiqu'il eût successivement vu mourir, en 1560, Olivier de Magny et Du Bellay; en 1570, Grévin, qui l'avait trahi dès 1563; en 1573, Jodelle, et quatre ans plus tard son cher Remy Belleau, il lui reste encore de nombreux amis, des protecteurs puissants et l'admiration non-seulement de la France, mais de toute l'Europe.

Dans les écoles françaises d'Italie, de Flandre, d'Angleterre, de Pologne, ses Œuvres étaient alors et furent, longtemps après lui, lues, expliquées, offertes comme un modèle de style et de poésie [1].

---

1. Voyez l'Oraison funèbre par Du Perron. Le nom de Ronsard, ressuscité en France, n'est pas mort dans les pays où florissait jadis sa renommée. J'ai reçu un travail des plus remarquables intitulé : Observations sur l'usage syntaxique de Ronsard et de ses contemporains, par M. W. Édouard Lidforss, professeur à l'école normale des institutrices de Sockholm (Lund, librairie académique, 1865,

Élisabeth d'Angleterre lui envoya un diamant de prix, dont elle comparait l'éclat et la pureté à sa poésie.

En 1571, Le Tasse, venu à Paris, à la suite du cardinal d'Este, lui soumit les premiers chants de sa *Jérusalem délivrée*.

Branthôme se trouvait un jour à Venise, chez un des principaux imprimeurs, à qui il demandait un Pétrarque, et voici ce qu'il raconte dans ses Hommes illustres : « Il y eut un grand Magnifique près de moy s'amusant à lire quelque livre, qui m'oyant me dit, moictié en italien, moictié en assez bon françois (car il avoit esté autrefois ambassadeur en France) : « Mon « gentilhomme, je m'estonne comment vous « estes curieux de venir chercher un Pétrarque « parmy nous, puisque vous en avez un en vos- « tre France, *plus excellent deux fois que le* « *nôtre, qui est M. de Ronsard.* »

Et *il avoit raison*, ajoute le narrateur.

Le même Branthôme rapporte ailleurs (Mémoires des Dames illustres) que Chastellard,

---

in-8). Je suis heureux de pouvoir féliciter le savant Suédois de son œuvre, qui démontre quels services notre grand poète a rendus à la langue française.

gentilhomme français, décapité en Écosse, pour avoir attenté à l'honneur de la Reine Marie Stuart, « avant mourir print en ses mains les « hymnes de M. de Ronsard et, pour son eter- « nelle consolation, se mit à lire tout entière- « ment l'Hymne de la Mort, ne s'aydant aucu- « nement d'autre livre spirituel, ni de ministre, « ni de confesseur. »

Henry III lui-même savait par cœur des vers du poëte, et notamment l'hymne sur la victoire de Moncontour, et comme il se piquait d'être un des orateurs les plus éloquents de son royaume, ayant voulu établir au Louvre une assemblée qu'on appela l'*Académie du palais*, le premier qu'il choisit, après Pibrac, auteur de cette entreprise, fut Ronsard. Il y appela ensuite le maître des requêtes Doron[1], Ponthus de Tyard, évêque de Châlons, Antoine de Baïf, Des Portes, abbé de Tyron, dont la renommée commençait, Du Perron qui aspirait au cardinalat, tout en composant des vers

---

1. Claude Dorron, parisien, a publié l'*Entrée de Henri III à Venise.* (Lyon, Rigaud 1574.) Voir Du Verdier. La Monnoye cite en note trois autres Dauron, D'Oron et Doron, qui ne sont probablement qu'un personnage.

amoureux, et enfin quelques dames qui avaient étudié[1].

Aux séances de cette Académie, Ronsard prononça, entre autres harangues, un discours sur les Vertus actives, qu'un savant professeur, M. Geffroy, a retrouvé à la Bibliothèque de Copenhague et qui a été imprimé dans l'édition Elzévirienne.

Outre les prieurés dont il jouissait déjà, et une pension de douze cents livres[2], le Roi lui

---

1. D'Aubigné, dans son *Histoire universelle*, mentionne, à la date de 1576, « une assemblée que le roy faisoit *deux « fois la semaine en son cabinet,* pour ouïr les plus doctes « hommes qu'il pouvoit, *et mesmes quelques dames* qui « avoient estudié, sur un problème tousjours proposé par « celuy qui avoit le mieux fait à la dernière dispute. »

2. On voyait à la Bibliothèque du Louvre, $\frac{145}{2.3}$ fol. 140, une quittance de la somme de 300 livres, donnée par Ronsard, pour un quartier de pension, comme *Poëte du Roy*.

Voici la copie de cette pièce, qui provenait des archives de Joursanvault :

« En la presence de moy, Notaire et Secretaire du Roy, « Mᵉ Pierre Ronsard, Aumosnier et Poëte françois dudit « Seigneur, a confessé avoir receu comptant de Mᵉ Pierre « Deficte, Conseiller dudit Sieur et Tresorier de son Espargne, « la somme de trois cens livres tournois en testons à xiii s. « pièce à lui ordonnée par ledit Sieur pour sa pension et « entretenement, durant le quartier de juillet, aoust et sep- « tembre mil ccccclxij dernier passé, qui est à raison de « xij c L par an. De laquelle somme de iij c L ledit de accorda en 1581, ainsi qu'à Baïf, deux mille écus comptant, à cause des vers qu'il avait faits pour les mascarades et tournois donnés aux noces du duc de Joyeuse. Il reçut en plus, dit l'Estoile, des *livrées* précieuses du marié et de la mariée.

Marie Stuart, sa belle Reine bien-aimée, qu'il eut la douleur de savoir prisonnière, mais dont il n'eut pas à déplorer la mort, lui envoya en 1583, par le sieur de Nau, son secrétaire, un buffet qui avait coûté deux mille écus. Ce meuble était surmonté d'un rocher représentant le Parnasse d'où Pégase faisait jaillir l'Hippocrène, avec cette inscription :

A RONSARD L'APOLLON DE LA SOURCE DES MUSES.

Noble remercîment de l'infortunée Reine, à celui dont les vers charmaient sa captivité.

Sa *divine Perle*, Marguerite de France, Duchesse de Savoie, pour qui sa reconnaissance passionnée ne s'éteignit jamais, fut toujours sa

---

« Ronssard (*sic*) s'est tenu content et bien payé, et en a
« quicté et quicte ledit Deficte, Tresorier de l'Espargne sus-
« dit, et tous autres, tesmoing mon seing manuel cy-mis à
« sa req.^te le viij^e jour d'octobre, l'an mil cinq cent soixante-
« troizieme. — Signé Nicolas. »

zélée protectrice. On conserve encore une lettre qu'elle écrivit de sa main, le 4 mai 1560, pour le recommander à Catherine de Médicis.

Sous l'inspiration et à la demande de cette grande Catherine, il composa les Sonnets pour Hélène de Surgères, fille d'honneur de la Reine-mère [1]. « Ce fut, dit Binet, le dernier et le plus digne objet de sa Muse et il finit quasi sa vie en la louant. »

Si l'on ne trouve pas, dans les vers pour Hélène, l'exaltation des premières années, on y respire du moins je ne sais quel parfum de suave mélancolie. Cette passion platonique, qui ne fut d'abord qu'un jeu d'esprit, finit, dans les six ans qu'elle dura, par se changer en un doux commerce, qui n'est pas sans charme pour le poëte et pour ses lecteurs. Si ce n'est pas de l'amour, c'est une amitié tendre, dont l'émotion nous gagne parce qu'elle est sincère.

Cette fois le sentiment du poëte fut partagé. Hélène lui accorda la faveur de quelques intimes causeries, et même de quelques missives

---

1. Hélène de Fonsèque, fille de René, baron de Surgères, et d'Anne de Cossé-Brissac.

pendant ses longues absences de la Cour. Peu de temps avant sa mort, par une lettre, que possédait Guillaume Colletet, Ronsard « prie son cher amy Gallandius de présenter ses humbles baisemains à mademoiselle de Surgères, et mesme de la supplier d'employer sa faveur envers le thrésorier régnant pour le faire payer de quelque année de sa pension ; ce qu'elle faisoit sans doute très volontiers, en récompense de tant de beaux vers qu'il avoit faicts pour elle, et par lesquels il avoit immortalisé son nom. »

Le même G. Colletet conservait une série d'autographes de Ronsard, qui serait aujourd'hui bien précieuse ; il en donne ainsi l'analyse :

« De plusieurs lettres escrites de sa main propre à son cher amy Jean Gallandius, qui sont heureusement tombées entre les miennes, j'apprends qu'il ne pouvoit se résoudre, sur les dernières années de sa vie, à quitter sa maison de Croix-val pour aller à la Cour, et y mendier je ne sçay quelle mondaine faveur, de laquelle par modestie il se pouvoit bien passer plus justement, dit-il, que ces bons pères philosophes qui n'avoient pour tous meubles que le baston, le manteau haillonné et le creux de la main.

Néantmoins que si tost que ses vilaines gouttes l'auroient quitté, qu'il seroit son hoste plus tost que l'hyrondelle, mais de sa force [1]... autrement qu'il ne le pouvoit, estant assez riche et content de sa réputation acquise par ses longues veilles, estudes et travaux.

Dum fata Deusque sinebant
Vixi et quem dederat cursum fortuna peregi

« Et par ceste mesme lettre datée de Croix-val le 17ᵉ jour de décembre 1584, j'apprends encore qu'il avoit une pension du Roy de quatre cents escus, dont il envoyoit la quittance à Gallandius son amy, pour la recevoir en son nom et en son acquit du Trésorier Molay, et en cas, dit Ronsard, qu'il vous traisne et qu'il refuse de payer, dites luy en sortant de sa chambre : « Vous ne debvez point, Monsieur, tomber sur la pointe de la plume de Monsieur de Ronsard qui est homme mordant et satyrique, au reste votre voysin, et qui sçait fort bien comme toutes choses se passent. »

« Par une autre de ses lettres, encore dattée

---

1. Il y a là quelque erreur ou omission, la phrase est incompréhensible.

de sa maison de Croix-val, le 9ᵉ jour de septembre 1584, j'apprends que jusques alors il n'avoit reçu aucun advantage de tous les libraires qui avoient tant de fois imprimé ses escrits, mais que pour cette édition qu'il préparoit et qu'il avoit exactement revue[1], il entendoit que Buon, son libraire, luy donnast soixante bons escus pour avoir du bois pour s'aller chauffer cet hyver avec son amy Gallandius, et s'il ne le veut faire, dict-il, il exhorte son amy d'en parler aux libraires du Palais qui en donneront sans doubte davantage, s'il tient bonne mine et qu'il sçache comme il faut faire valoir le privilége perpétuel de ses œuvres ; ce qui est d'autant plus à remarquer que les priviléges d'aujourd'huy ne sont que pour quelques années et non pas perpétuels, et ensuite il lance plusieurs traits de raillerie contre l'avarice de certains libraires qui veulent proffiter de tout, recevoir tousjours et ne donner jamais rien.

« Finalement par une autre de ses lettres du 22 octobre 1585, qui estoit escrite environ deux

---

1. L'édition in-folio de 1584, dans laquelle il a cruellement mutilé ses vers en les corrigeant.

mois devant sa mort, j'apprends qu'il se trouvoit extrêmement faible depuis quinze jours en la mutation de l'automne en hyver, qu'il estoit devenu fort maigre et qu'il avoit peur de s'en aller avec les feuilles ; toutefois qu'y estant tout à faict resolu, il souhaitoit que ce fust plus tost que plus tard ; qu'il n'estoit plus au monde sinon *iners terræ pondus*, qu'un fardeau inutile sur la terre, aussy ennuyé de luy mesme qu'il l'estoit des autres, le suppliant au reste de l'aller trouver, estimant que sa chere présence lui seroit un véritable remède. »

Ce Gallandius (Jean Galland) était principal du collége de Boncourt[1] et c'était chez lui que Ronsard habitait quand il venait à Paris dans les dix dernières années de sa vie.[2] »

Le collége de Boncourt et la maison de Baïf ne sont pas les seules que Ronsard ait habitées. Colletet écrit dans la vie du poëte : « Il aimoit

---

1. L'École Polytechnique en occupe l'emplacement.
2. Ronsard possédait à Vendôme une habitation aujourd'hui détruite, qui était située rue Saint-Jacques, sur un emplacement occupé par une partie du Lycée. Elle était voisine de l'hôtel de Langey, dont elle n'était séparée que par le Loir. Ce dernier subsiste encore et appartient à M. Octave Dessaignes, dont la science médicale, l'esprit et la bonté sont appréciés de tout Vendôme.

le sejour de l'entrée du fauxbourg Saint-Marcel, à cause de la pureté de l'air et de cette agréable montagne que j'appelle son Parnasse et le mien. Et certes je marquerai toujours d'un éternel crayon ce jour bien heureux que la faveur du ministre de nos Roys me donna le moyen d'acheter une des maisons qu'il aimoit autrefois habiter en ce mesme fauxbourg et sans doute, après celle de Baïf, qu'il aima le plus. »

Une polémique courtoise s'est élevée, dans le *Bulletin du Bouquiniste* (15 mars, 15 juin 1861 et 15 avril 1863), entre M. Paul Lacroix et moi, sur le point de savoir quel était au juste l'emplacement de cette demeure, que M. Lacroix pensait être dans la rue du Mûrier, tandis que je la voyais dans la rue Neuve-Saint-Étienne-du-Mont (alors rue du Puits-de-Fer ou des Morfondus). — La question, longtemps débattue, fut enfin tranchée dans l'*Intermédiaire des chercheurs et des curieux* (10 mai 1865), par M. Berty, qui me donna raison, en prouvant que la maison de Ronsard devait être cherchée rue Neuve-Saint-Étienne-du-Mont aux n°s 33, 35, 37 et 39.

Ce ne fut pas dans ce logis, mais dans celui

de son cher Gallandius, que, déjà frappé du mal dont il devait mourir, il épuisa ses forces à revoir, émonder, refondre, relimer ses poésies, puis à corriger les épreuves de cet in-folio, qui fut achevé d'imprimer le 4 janvier 1584. C'est un chef-d'œuvre de typographie ; mais, hélas ! les vers du poëte, ressassés dans un cerveau vieilli, raturés d'une main défaillante, y perdent toute leur saveur, toute leur jeune effervescence ; ils n'y sont plus que leur propre fantôme, comme le poëte lui-même n'est plus que le squelette du brillant adorateur de Cassandre et de Marie.

Ce fut encore au collége de Boncourt qu'il séjourna une dernière fois, l'année même de sa mort, de février à juin, malade de la goutte et ne bougeant presque plus du lit. Son cher Galland l'accompagna de là à Croix-val, sa demeure ordinaire ; et, un mois après, Galland l'ayant quitté, il alla passer huit jours à son prieuré de Saint-Cosme. Puis, tourmenté d'un invincible besoin de mouvement causé par les souffrances de sa maladie, il revint à Croix-val, d'où il écrivit à Galland sa lettre du 22 octobre.

« Quelques jours après, comme ses forces

« diminuoient, il envoya quérir, avec un notaire,
« le curé de Ternay, pour deposer le secret de
« sa volonté ; ouït la messe, et s'estant fait ha-
« biller, reçut à genoux la communion, ne vou-
« lant à son aise recevoir celuy qui avoit tant
« enduré pour nous, regrettant sa vie passée,
« et en prevoyant une meilleure. Ce fait, il se
« fit devestir et recoucher, disant : *Me voilà au*
« *lict attendant la mort, terme et passage*
« *commun d'une meilleure vie. Quand il plaira*
« *à Dieu m'appeler, je suis tout prest de par-*
« *tir !* » Galland arriva le 30 octobre. Ronsard,
ne pouvant tenir en place, se fit conduire par
lui tantôt à Montoire [1], tantôt à Croix-val, composant des vers qu'il lui dictait. — Enfin, par
dernière fantaisie de mourant et sous l'empire
d'une vision qu'il eut au milieu d'une nuit d'in-
somnie [2], « il se fit transporter à Tours en son

---

1. A son prieuré de Saint-Gilles, dont la chapelle romane, à demi-ruinée et enterrée par les exhaussements sucessifs du sol, offre les restes de fresques du style bysantin. Ces peintures devaient être encore dans leur éclat au temps de Ronsard.

2. Du Perron, dans la première édition de l'*Oraison funèbre* (Paris, F. Morel, 1586, in-8), donne quelques détails, qu'il supprima ensuite, sur cette vision du poëte : « Il avoit
« veu un esprit ou plutost un phantosme, et, au commence-

prieuré de Saint Cosme en l'Isle, ce qu'il fit avec grand' peine, ayant demeuré en chemin, et pour faire sept lieues, trois jours entiers. Il n'avoit pas esté huict jours en ce lieu, que ses forces diminuant à veue d'œil, les os lui perçant la peau, et se sentant mourir, il fit venir l'un des religieux nommé Jacques Desguez, agé de soixante et quinze ans, aumosnier de Sainct Cosme, qui luy ayant demandé de quelle resolution il vouloit mourir, il respondit assez aigrement : « Qui vous fait dire cela, mon bon amy ? « doutez-vous de ma volonté ? je veux mourir « en la religion catholique comme mes ayeulx, « bisayeulx, trisayeulx, et comme l'ay tesmoi- « gné assez par mes escrits ! » L'aumosnier reprit, qu'il ne l'entendoit en ceste façon, mais qu'il avoit désiré sçavoir s'il vouloit ordonner quelque chose par forme de derniere volonté. Ronsard alors luy dit : « Je desire donc que « vous et vos confreres soyez tesmoins de mes « dernieres actions. »

« ment, il s'étoit senti tout troublé ; mais à la fin il avoit
« reçeu beaucoup de consolation et d'allegement, et aprés, lui
« raconta ce qui s'estoit passé entre eux et comme il étoit
« disparu. . »

« Alors il commença à discourir de sa vie, monstrant avec grande repentance qu'il renonçoit à tous les blandices de ce monde, qu'il estoit un très-grand pecheur, s'esjouissant que par ses douleurs Dieu l'eust comme resveillé d'un profond sommeil, le remerciant infiniment de ce qu'il luy avoit donné temps de se recognoistre, demandant pardon à chacun, disant à toute heure : « Je n'ai aucune haine con« tre personne, ainsi me puisse chacun par« donner. » Puis s'adressant aux assistans, et les exhortant à bien vivre, ajouta, que la mort la plus douce estoit celle à qui la propre conscience n'apportoit aucun préjugé de crimes et meschancetez. Cela fait, le jour de la Nativité de nostre Seigneur, il pria le sous-prieur d'ouïr sa confession, communia d'une singulière dévotion. Il continua de dicter des vers, et fit escrire ceux cy peu de jours avant sa mort, comme on luy parloit de manger :

> *Toute la viande qui entre*
> *Dans le goulfre ingrat de ce ventre,*
> *Incontinent sans fruict ressort;*
> *Mais la belle science exquise*
> *Que par l'ouye j'ay apprise,*
> *M'accompagne jusqu'à la mort.*

« Le dimanche vingt-deuxiesme decembre il avoit fait son testament, par lequel il ordonnoit de toutes choses, ayant distribué tous ses biens, partie à ses parens et à ses serviteurs ; il demanda à l'ausmonier combien il pourroit encore vivre. Il eut toujours l'esprit sain et entier, dicta encore deux sonnets chrestiens, demeura longtemps les bras levés au ciel ; enfin, semblable à celui qui sommeille, rendit à Dieu son esprit ; et ses mains en tombant firent cognoistre le moment de son trespas, qui fut sur les deux heures de nuict, le vendredy 27 decembre 1585, ayant vescu 61 ans, 3 mois et 16 jours. Et fut mis en sepulture, ainsi qu'il l'avoit desiré et ordonné, au chœur de l'église de Sainct Cosme [1]. »

D'après le portrait que font de lui ses contemrains, Ronsard eut la taille haute et droite, le visage beau et majestueux, le front large, les yeux vifs et perçants, le nez aquilin, la barbe et les cheveux châtain-clair, frisés naturellement. La grâce de son extérieur faisait pressentir une âme généreuse, un esprit ardent, vigoureux et éclairé d'une céleste lumière.

---

1. Binet. *Vie de Ronsard.*

Sa constitution était bonne; mais ses longues veilles, ses voyages, les infirmités, suite des maladies contractées en sa jeunesse, dont il *n'avait*, dit-il, *que trop gaspillé la fleur*, l'affaiblirent de telle sorte que sur le déclin de sa vie il s'étonnait lui-même de se voir si changé. Les derniers portraits qu'on a faits de lui nous le montrent, en effet, maigre, grisonnant, courbé, privé de ses dents, et son grand nez aquilin rejoignant presque son menton, dès l'âge de cinquante ans.

Quoi qu'il ne parlât ni bien ni beaucoup, porté qu'il était à la rêverie par sa surdité et sa nonchalance, sa conversation était cependant facile avec ceux qu'il aimait. « Liberal et magnifique en la despence de ses biens, ajoûte Binet, il n'estoit ennemy d'aucun, et si aucuns se sont rendus ses ennemis, ils s'en sont donné le subjet, mais sa naturelle douceur les en a fait repentir.

« Sa demeure ordinaire estoit ou à Sainct-Cosme, lieu fort agreable, et comme l'*œillet* de la Touraine, ou à Bourgueil, à cause du deduit de la chasse auquel il s'exerçoit volontiers, et où il faisoit nourrir des chiens que le feu Roy Charles luy avoit donnez, ensemble un faucon, et un tiercelet d'autour; comme aussi à Croix-val, recherchant ores la solitude de la forest de Gastine, ores les rives du Loir, et la belle fontaine Bellerie, ou celle d'Helene[1]. Souvent seul, mais tousjours en la compagnie des Muses, il s'esgaroit pour r'assembler les belles inventions, qui, parmy le tumulte des villes et du peuple, ne peuvent si bien se concevoir en nous. Quand il estoit à Paris, et qu'il vouloit s'esjouir avec ses amis, ou composer à requoy, il se delectoit à Meudon[2], tant à cause des bois, que du plaisant regard de la rivière de la Seine, ou à Gentilly, Hercueil, Sainct Clou et Vanves, pour l'agreable fraischeur du ruisseau de Bièvre, et des fontaines que les Muses ayment naturellement. Il prenoit aussi plaisir à jardiner, et sur tout en sa maison de

---

[1]. Il l'avait ainsi nommée en l'honneur d'Hélène de Surgères. Cette source doit être la fontaine de S. Germain, qui coule près d'une chapelle dédiée à ce saint, descend vers le prieuré de Croix-Val et de là vers Ternay, en Vendômois. — La fontaine Bellerie, dédiée par le poëte à Remy Belleau, est connue dans le pays sous le nom de Fontaine de la Belle-Iris.

Le poëte est encore aujourd'hui populaire à Couture. On a oublié ses vers, mais on prononce toujours son nom avec un certain orgueil.

[2]. Il y habitait une tour dans les jardins du château.

Sainct Cosme, où monsieur le duc d'Anjou, qui l'aymoit et admiroit, le fût voir plusieurs fois après son entrée à Tours. Il sçavoit (comme il n'ignoroit rien) beaucoup de beaux secrets de jardinage, pour semer, planter, ou pour enter et greffer en toutes sortes, et souvent il presentoit des fruicts au Roy Charles, qui prenoit à gré tout ce qui venoit de luy. Quand il se mettoit à l'estude il ne s'en retiroit aisement, et lors qu'il en sortoit il estoit assez melancolique, et bien ayse de rencontrer compagnie recreative ; mais lors qu'il composoit, il ne vouloit estre importuné de personne, se faisant excuser mesmes à ses plus grands amis.

« La peinture et sculpture comme aussi la musique, lui estoient à singulier plaisir ; il aymoit à chanter et à ouyr chanter ses vers : « La musique, disoit-il, est la sœur puisnée de la poësie, et les poëtes et musiciens sont les enfans sacrez des Muses ; sans la musique la poësie est presque sans grace, comme la musique sans la mélodie des vers, est inanimée et sans vie. »

« Il incitoit fort ceux qui l'alloient voir, et principalement les jeunes hommes qu'il jugeoit promettre quelque fruict en la poësie, à bien escrire, et plustost à moins et mieux faire; car les vers se doivent peser et non compter; ils ressemblent au diamant parangon, qui estant de belle eau, et rendant un bel esclat, seul vaut mieux qu'une centaine de moyens [1]. »

« Comme il avoit ajusté ses vers de telle sorte qu'ils pouvoient estre chantez, les plus excellents musiciens tels qu'Orlande, Certon, Goudimel, Jannequin et plusieurs autres prirent à tasche de composer sur la plupart de ses sonnets et de ses odes une musique harmonieuse; ce qui pleut de telle sorte à toute la cour qu'elle ne resonoit plus rien autre chose, et ce qui ravit tellement Ronsard qu'il ne feignit point d'insérer à la fin de ses premieres poësies ceste excellente musique [2]. »

Deux mois après sa mort, le lundi 24 février 1586, un cénotaphe fut dressé dans la chapelle du collége de Boncourt, et une messe solennelle, composée par Mauduit, y fut chantée en son honneur, par la musique du Roi. Le prince Charles de Valois, duc d'Anjou, le duc de

---

1. Binet. *Vie de Ronsard.*
2. C. Colletet. *Vie de Ronsard.*

Joyeuse et le cardinal, son frère, y assistèrent. Le Parlement de Paris y envoya une députation et, dans l'après-midi, l'abbé Du Perron, depuis évêque d'Evreux et cardinal, prononça l'oraison funèbre du poëte, où l'affluence fut si grande que le cardinal de Bourbon et plusieurs autres seigneurs furent forcés de s'en retourner, faute de place. Des vers en toutes langues, des éloges dignes d'un roi furent ensuite récités ce jour-là et les jours suivants.

Peu à peu toutes ces louanges s'éteignirent, étouffées par des préoccupations plus graves; mais il était dans la destinées de Ronsard de ne trouver de repos, ni pendant sa vie ni après sa mort. Les huguenots envahirent le monastère de Saint-Cosme, et, selon toute probabilité, jetèrent sa cendre au vent [1]. Ce fut seulement en 1609 que Joachim de La Chétardie, conseiller-clerc au Parlement de Paris, étant alors prieur-commendataire de Saint-Cosme, lui fit ériger un

---

1. Pasquier, dans ses *Recherches sur la France* (liv. VII, ch. 10), affirme que des carreaux plus neufs, dans la chapelle de Saint-Cosme, désignaient seuls la place où reposait Ronsard. — Goujet dit aussi qu'il fut 24 ans sans avoir de monument.

monument de marbre orné de son buste et de cette inscription [1] :

EPITAPHIUM PETRI RONSARDI

POETARUM PRINCIPIS ET HUJUS CŒNOBII QUONDAM PRIORIS.

—

D. M.

—

CAVE VIATOR, SACRA HÆC HUMUS EST.
ABI, NEFASTE, QUAM CALCAS HUMUM SACRA EST.
RONSADUS ENIM JACET HIC
QUO ORIENTE ORIRI MUSÆ,
ET OCCIDENTE COMMORI,
AC SECUM INHUMARI VOLUERUNT.
HOC NON INVIDEANT, QUI SUNT SUPERSTITES,
NEC PAREM SORTEM SPERENT NEPOTES.

—

IN CUJUS PIAM MEMORIAM
JOACHIM DE LA CHETARDIE,
IN SUPREMA PARISIENSI CURIA SENATOR
ET ILLIUS, VIGENTI POST ANNOS,
IN EODEM SACRO CŒNOBIO, SUCCESSOR
POSUIT.

Cette épitaphe, sauf les six dernières lignes, a été insérée dans le Tombeau de Ronsard,

---

1. M. A. Dupré, bibliothécaire de la ville de Blois, m'a obligeamment fait connaître que cette épitaphe, très-fruste, mais en partie lisible encore, est au musée de Blois.

comme ayant été composée par J. Heroard, médecin du Roi Louis XIII.

Le biographe et l'un des derniers admirateurs du maître, Guillaume Colletet, la traduit de cette façon :

ÉPITAPHE DE PIERRE DE RONSARD
PRINCE DES POETES ET AUTREFOIS PRIEUR DE CE MONASTÈRE.

—

Arreste, passant, et prends garde; cette terre est sainte. Loin d'icy, prophane! cette terre que tu foules aux pieds est une terre sacrée, puisque RONSARD *y repose. Comme les Muses qui naquirent en France avecque luy. voulurent aussy mourir et s'ensevelir avec lui, que ceux qui luy survivent n'y portent point d'envie, et que ceux qui sont à naistre se donnent bien de garde d'espérer jamais un pareil advantage du ciel.*

C'est à la mémoire de ce grand poëte que Joachim de La Chétardie, conseiller au souverain Parlement de Paris, et, vingt ans après, son successeur en ce mesme prieuré, a consacré cette inscription funèbre.

De même que la mémoire du poëte, sa sépulture devait disparaître à son tour. L'orage révolutionnaire de 1793 emporta le prieuré de Saint-Cosme ; nul ne s'inquiéta du buste érigé par La

Chétardie [1], et le marbre tumulaire, à demi-brisé, n'obtint l'hospitalité d'un musée de province qu'après un demi-siècle d'oubli.

Ainsi du vieux Ronsard ! A l'admiration succéda l'injure, qui est encore un hommage, puis le dédain mortel... le mépris... le néant !...

Vers 1574, quand Charles IX écrivait à ce poëte des Rois, à ce Roi des poëtes :

Il faut suivre ton Roy qui t'aime par sus tous,
Pour les vers qui de toy coulent braves et doux...

De quel éclat de rire universel eût été accueilli celui qui aurait osé borner à cent ans la renommée d'un pareil génie ? — Hélas ! juste un siècle après, en 1674, Despréaux s'écriait, aux applaudissements de la Cour et sans qu'un murmure s'élevât pour réclamer :

Ronsard..... par une autre méthode,
Régla tout, brouilla tout, fit un art à sa mode,
Et toutefois longtemps eut un heureux destin.
Mais sa Muse en français parlant grec et latin,

---

[1]. M. de la Saussaie, de l'Institut, a offert à la Société archéologique et littéraire de Vendôme un uste en plâtre qui paraît être moulé sur celui dont La Chétardie avait orné le tombeau du poëte.

Vit, dans l'âge suivant, par un retour grotesque,
Tomber de ses grands mots le faste pédantesque.
Ce poëte orgueilleux trébuché de si haut.....

Oui ! c'était vrai ! jamais chute plus profonde n'avait aussi promptement suivi un succès plus rapide, plus immense, plus universel ! succès comparable seulement à l'enthousiasme qui accueillit *le Cid* de Corneille, ou encore mieux aux premiers triomphes du plus étincelant de nos poëtes contemporains, en qui l'on trouve plus d'un rapport avec Ronsard.

L'un et l'autre furent poëtes dès l'enfance, l'un et l'autre commencèrent par publier des Odes, l'un et l'autre atteignirent du premier coup l'apogée de la gloire. Ils furent tous deux novateurs, chefs d'école, et virent des planètes brillantes graviter autour de leur soleil. Le style de l'un comme celui de l'autre a ses nuages, mais entre lesquels on aperçoit le ciel, mais au milieu desquels éclate par intervalles un vers éblouissant comme la foudre dans la tempête. Dans ses dernières œuvres, le poëte moderne se rapproche encore plus de l'ancien par la formation de mots hybrides et compliqués : richesse douteuse, que le chantre des derniers Valois, ces trois rois-frères, ne put léguer à la langue française, et que le chantre des derniers Bourbons, ces trois rois-frères aussi, ne réussira pas davantage à lui donner.

Aujourd'hui que l'heure de la justice a sonné pour Ronsard, personne ne croira que je rabaisse par un tel parallèle le plus brillant, mais non le plus pur des génies littéraires de notre époque.

En effet, quand on étudie avec soin le chef de la Pléiade et ses contemporains; quand on s'est accoutumé aux expressions qui révoltent au premier abord, comme des notes discordantes dans une belle harmonie, on en arrive à sentir ce qu'il y a de sublime dans ce poëte *trébuchéde si haut*.

Créateur du style noble dans la poésie française, il fut obligé de former lui-même sa langue, et, si elle ne lui a survécu qu'en partie, à tout prendre cette partie est plus grande qu'on ne le croit généralement. Son malheur et la cause de sa chute, c'est que l'école qui lui a succédé a rejeté dans le style trivial certains des mots qu'il prétendait anoblir, certaines des tournures vieillies qu'il voulait régénérer.

Enfin c'est que, nourri de l'antiquité pure, il prodigue des allusions aux fables les plus inconnues de la mythologie; il affecte à dessein des grécismes et des latinismes, qui font répéter de ses œuvres ce qu'il en a dit le premier :

> *Les François qui ces vers liront,*
> *S'ils ne sont ou Grecs ou Romains,*
> *Au lieu de ce livre ils n'auront*
> *Qu'un faix pesant entre les mains.*

Cependant, tout obscur, inégal et diffus qu'il soit dans ses emportements de sa fougue indomptée, si l'on se donne la peine de noter ses élans sublimes; si l'on cueille les fleurs qui s'ouvrent spontanément sur cet arbre mal cultivé, mais luxuriant et touffu; si l'on compte les admirables vers qui fourmillent chez lui, on en trouvera certes de plus beaux et en bien plus grand nombre que chez le correct Malherbe.

Ronsard avait cette fougue ardente de l'improvisation, ce jet de feu qui coule en bronze l'idée dans le moule du vers; il manquait d'ordre pour la disposer, de goût pour la ciseler, de patience pour la polir. Ses ébauches devaient être de beaucoup supérieures à ses ouvrages terminés. Selon l'expression de Montaigne, il était *prisemautier*. Ses œuvres le prouvent. Il a presque toujours gâté ses œuvres en les corrigeant, surtout dans les dernières années de sa vieillesse prématurée. Si au milieu d'amis fascinés par cet astre éblouissant dès son aurore, il se fût trouvé un de ces aristarques au tact fin et délicat, un de ces hommes de plus de goût que de génie, un de ces sages amis à la Despréaux, qui

Sur vos fautes jamais ne vous laisse paisible...

le siècle de Louis XIV fût éclos cent ans plus tôt et nous posséderions en Ronsard l'idéal du grand poëte.

En somme, tel que nous l'avons, bizarre, mais élevé dans ses Odes; affecté, mais gracieux dans ses Poésies amoureuses; démesuré, mais énergique et faisant parfois pressentir la mâle fierté de Corneille, dans ses Poëmes, surtout dans ses Discours sur les misères de la France; étincelant et sombre, comme le torrent de lave qui promène avec lui la flamme et les scories d'un volcan; admirable dans son inspiration; étonnant même dans ses défaillances, gigantesque dans ses défauts comme dans ses qualités,

Ronsard a été traîné aux Gémonies, mais il n'a pas été jugé.

Malherbe, Boileau, et à leur suite tous ceux de l'école classique, ont prononcé contre sa mémoire un arrêt inique et immérité. « Les hommes qui font les révolutions, a dit M. Guizot, sont toujours méprisés par ceux qui en profitent [1]. »

Malherbe, qui avait été l'admirateur de Ronsard, avant d'ourdir contre lui la conspiration du silence, commença par déniger le maître qu'il aspirait à détrôner [2]. En dépit de son mépris affecté, les vers auxquels il avait fait grâce dans cet exemplaire de Ronsard tant raturé de sa

---

1. *Corneille et son temps*, par M. Guizot. Paris, Didier, 1862, in-12, page 35.
2. Malherbe ne montra pas toujours un égal dédain pour Ronsard. G. Colletet dit positivement : « Les quatre vers
« françois qui sont au dessous du portrait de Cassandre,
« dans l'édition de 1623, in-folio, sont de la façon de Fran-
« çois de Malherbe, comme il me l'a dict souvent luy-
« mesmes. Les voicy :

   « *L'art la nature exprimant,*
   « *En ce portraict me faict belle :*
   « *Mais si ne suis-je point telle*
   « *Qu'aux escrits de mon amant.* »

Le quatrain qui fait pendant, au-dessous du portrait de Ronsard, est de René Belot, Angevin.

main, ces vers l'épouvantaient pour sa propre gloire ; et quand, au premier soupçon de ses disciples qu'il pouvait les approuver, il prit fiévreusement la plume et les effaça tous, il aurait voulu du même coup les anéantir ! L'ombre seule d'une rivalité devait révolter *ce tyran des mots et des syllabes*, assez infatué de lui-même pour oser s'écrier, avec autant de pesanteur que d'orgueil :

Ce que Malherbe écrit dure éternellement !

Despréaux opina d'emblée sur la parole de Malherbe, et condamna Ronsard sans le lire. A la vérité, s'il l'avait lu, il ne l'aurait pas compris. Le patient ciseleur de rimes n'était pas fait pour apprécier le Titan de la pensée. Ce n'est point avec une loupe qu'on peut juger Michel-Ange ; ce n'est point le cordeau de Lenôtre à la main qu'il faut admirer les chênes de Fontainebleau.

Le siècle qui ne trouvait dans la Sainte-Chapelle que le prétexte d'un poëme badin, qui regardait avec un égal mépris les vitraux étincelants et les arabesques de pierre de nos églises, qui laissait tomber en ruines les châteaux d'Anet, de Chenonceaux, de Chambord ; qui ne connaissait pas même les noms des Germain Pilon, des Jean Goujon, des Janet, des Thomas de Leu, des Geoffroy Tory, des Léonard Gaultier, de cent autres artistes admirés aujourd'hui ; ce siècle ne devait professer que du dédain pour la poésie toute de sève et d'inspiration qui découlait des lèvres de Ronsard.

Mais si les hommes de ce temps ne pouvaient pas, ainsi que nous, se dégager de toute influence extérieure, ils auraient dû tenir compte au moins du travail prodigieux que Ronsard avait accompli pour construire de toutes pièces une langue dont ils ont, après tout, profité, grâce à un simple travail d'épuration.

Balzac, au lieu de dire dans son trente-unième entretien : « Ce n'est pas un poëte bien entier ; « c'est le commencement et la matière d'un « poëte, » aurait dû s'écrier : c'est un poëte qui n'eut pas à son service une langue bien entière, mais le commencement et la matière d'une langue, et qui créa tout lui-même.

Lorsqu'il y a cinquante ans (en 1826), l'Académie française mit au concours une étude sur la littérature au XVIe siècle, le nom de Ronsard était encore pour le public le synonyme de ridicule.

Cependant les rares lecteurs qui n'avaient pas craint de secouer la poussière où dormaient ses in-folio, en étaient revenus avec un étonnement qui ressemblait à de l'admiration.

Fénelon avait osé écrire à l'Académie que « Ronsard avait tenté une nouvelle route pour « enrichir notre langue, pour enhardir notre « poésie, et pour dénouer notre versification « naissante. »

Fontenelle consacrait pour lui « la qualité de « prince des poëtes qui ont paru avant Mal-« herbe. »

Les auteurs des Annales Poétiques, après avoir passé en revue tous les prédécesseurs de Ronsard, sont contraints de s'arrêter longuement devant lui et de s'écrier, après mille précautions oratoires : « Tranchons le mot et disons « que *Ronsard avoit du génie !* »

MM. Sainte-Beuve, Guizot, Ampère, Saint-Marc Girardin, Mérimée, Vitet, Philarète Chasles, subirent de même, en s'occupant de Ronsard, l'ascendant qui avait subjugué son époque. Cette majestueuse figure séduit leur imagination ; et, l'examinant à trois siècles de distance, ils rendirent à son génie une justice d'abord un peu timide, mais sincère et vraie, en ce qu'elle n'était commandée ni par l'esprit de parti littéraire, ni par l'esprit de parti politique et religieux qui, au début du dix-septième siècle, influèrent nécessairement sur l'arrêt prononcé par le poëte du Roi huguenot Henry IV [1], contre le poëte du Roi catholique Charles IX. Aujourd'hui la réaction est complète. Elle sera durable.

La voix imposante de M. Sainte-Beuve a surtout dominé et domine encore toutes les autres. Son admirable Tableau de la poésie au seizième siècle a été une révélation pour les poëtes du dix-neuvième [2].

Avec ce tact merveilleux, cette sûreté d'esprit, cette finesse de goût qui sont de lui seul, il a débarrassé de leur rouille, trois fois séculaire, ces merveilleuses ciselures poétiques, replacé tous ces bijoux dans leur véritable écrin ; il a

---

1. Henry IV avait eu pour précepteur Florent Chrétien, qui, en se convertissant au protestantisme, était devenu l'un des détracteurs les plus acharnés de Ronsard.

2. *Tableau historique et critique de la Poésie française et du Théâtre français au XVIe siècle*, par C. A. Sainte-Beuve. (Paris, Sautelet, 1828. Deux volumes in-8. Le second renferme un choix des œuvres de Ronsard.) C'est la première édition de cet ouvrage qui fut plusieurs fois réimprimé depuis.

rendu aux admirations de l'avenir ces splendeurs d'un passé méconnu, et nous a contraints d'en accepter l'héritage.

Épris comme lui d'une piété sympathique pour les membres de cette vaillante PLÉIADE et surtout pour celui qu'on appelait alors l'ILLUSTRE MONSIEUR DE RONSARD, nous affirmons hautement leur gloire et son génie, comme une vérité désormais incontestable.

Non! toute cette génération, qui saluait en eux la renaissance de la poésie, ne s'est pas grossièrement abusée! Non! tous ces hommes d'une si haute valeur littéraire, les De Thou, les Michel de l'Hospital, les Sainte-Marthe, les Montaigne, les Mathurin Regnier, n'ont pas pu prendre toute leur vie de faux brillants pour des diamants fins et une torche fumeuse pour le soleil!

VERS INÉDITS DE RONSARD

Je n'ai cité dans la vie du poëte aucun fragment important de ses œuvres; mais j'offre ici une pièce de lui qui est restée jusqu'à présent inconnue.

Elle a été écrite au sujet de la bataille de Montcontour, et n'est pas terminée. On conçoit fort bien que, ayant composé sur ce même sujet une Ode dont le duc d'Anjou était tellement épris, qu'il la savait par cœur, Ronsard n'ait pas achevé une pièce qui, malgré ses beautés, n'avait probablement pas eu l'approbation du jeune prince, à la louange de qui elle n'est pas exclusivement consacrée.

Je l'ai trouvée dans un recueil manuscrit d'un contemporain, J. de Pyochet, seigneur de Sallin, admirateur et ami du poëte, qui, vers 1575 ou

1580, a réuni aux poésies déjà imprimées celles qui ne l'avaient pas encore été ou qu'on avait omis de joindre à la collection des Œuvres. Il a aussi commenté son auteur favori, mais à la façon de Belleau, Muret, Marcassus, etc., sans entrer dans aucun de ces détails intimes et personnels qui nous seraient si précieux aujourd'hui.

Voici les vers qui nous ont été conservés par J. de Pyochet :

LE CHARON[1]

Sur la Victoire obtenue contre les rebelles par Mgr le Duc d'Anjou, près de Montcontour, le 3ᵉ d'Octobre 1569.

Quand les mutins tombés dessus la poudre,
Comme sapins accablez de la foudre,
Furent contraincts d'abandonner le jour
Et d'envoyer leurs âmes au séjour
Perpétuel de l'Abisme profonde,
Que tient Pluton l'héritier de ce monde,
Le Vieil Charon, qui tant d'esprits passa,

---

1. Prononcez *Caron*; c'est le nautonier des Enfers.

*Devers le soir ennuyé se lassa,
Et, en laissant sa barque toute oysive
Flotter sur l'eau, se coucha sur la rive
Dessus son coude, et regardoit les morts
Qui jà passez fourmilloient à ses bords.
A cest haut bruit, l'âme qui fut hostesse
Du prince mort* [1], *vint voir si grande presse
Et, remarquant la figure des siens
Palles d'effroy, sur les bords Stygiens,
Qui mainte playe avoient en tesmoignage
Et de leur fuite et de leur froid courage,
D'un œil piteux, semblant de tout transy,
Tremblant comme eux leur demandoit ainsi :*

« *Dites, soldats, à qui, durant ma vie,
J'ai commandé, quant, tout piqué d'envie,
J'armois sous moy les princes aux combats,
Enflé d'espoir ; que faictes-vous ça-bas ?
Qui vous conduit ? Dites moy vostre peine,
Vostre fortune et le sort qui vous meine ?
Depuis le jour qu'estendu.....* »

(Manquent plusieurs vers.)

*Ung qui avoit la honte sur le front,
La larme à l'œil, soupirant, lui respond :*

« *Prince, qui fus jadis nostre espérance,
Nous te dirons des nouvelles de France.*

---

1. Louis de Bourbon, prince de Condé.

Depuis le temps que par arrest fatal
Tu brunchas mort, ce mutin Admiral
Ce Chastillon[1], qui a la renommée
Conduire mieux de voleurs une armée,
D'un cœur de cerf et courage couhard
Bien qu'il soit fin, cauteleux et plein d'art,
Seul nous guida et se fit capitaine
D'une commune au combat incertaine.
Ce Chastillon, enflé de vain espoir,
Ou par orgueil, par fraude, ou pour se veoir
Estre le chef de si puissantes bandes,
Ne conceut rien si non que choses grandes,
Et de donner, comme superbe roy,
A la Guyenne une nouvelle loy.

« Pource il arma ses troupes hazardeuses,
Prit les citez et les villes paoureuses,
Espouvanta le peuple et ne restoit,
De la Guyenne, où vainqueur il estoit,
Si non Poitiers, qui brave luy fist teste,
Et luy borna son heureuse conqueste,
Par le moyen des deux princes Lorrains[2],
A qui Dieu mist à la teste et aux mains
Un bon advis de garder ceste place.
Là se rompit le bonheur et l'audace
De Coligny, que le bonheur laissa.

---

1. L'Amiral de Coligny.
2. Charles et Henry de Guise.

De ceste ville aux aultres il passa,
Aprez avoir battu en maintes sortes
De ce Poitiers les défenses peu fortes,
Et fait crever ses canons à l'entour.
Se despitant de si honteux séjour,
Désespéré de forcer la muraille,
Leve le siege et presente bataille.
Mais, comme on veoit que le coup d'un canon,
Se perd en terre et n'offense sinon
Ce qui est dur, ainsi son entreprise
Vint sans effet. Monsieur [1] *qui temporise,*
En flechissant lui rompit sa fureur,
Silla ses yeux et le remplit d'erreur.

« *Finablement le desir qui nous meine*
Et qui commande à toute chose humaine,
Espoinçonna ce Chastillon si fort
Qu'il nous mena au lieu de nostre mort.

« *Près Montcontour* [2] *gist une grand'campaigne*
Que nostre sang en abondance baigne.
Là les deux camps herissez de harnois,
De pistollets, de piques, de longs bois,
Se menaçant l'un à l'autre s'affronte;

---

1. Monsieur, frère du Roi : c'est le duc d'Anjou, depuis Henri III.
2. Moncontour, petite ville du département de la Vienne, située sur la Dive, à 4 lieues et demie de Loudun.

Icy l'horreur, icy la rouge honte
Frappe leurs cœurs et leur fait acquérir
Un haut désir de vaincre ou de perir.
D'un pas rangé les soldats s'entresuivent,
Comme les flots de la mer, qui arrivent
Contre les bords : — Le premier va devant
Et le second le premier va suivant. —
D'un ordre égal ainsi, tout en furie,
Marchoit en rang toute l'infanterie..

« *Ceux qui pressoient l'échine des coursiers*
Flambants de fer, de mailles et d'aciers,
Tout animez de force et de vaillance,
Ferme en l'arrest tenant leur forte lance,
Serrez en ordre, ainsi comme es forests
On veoit serrez les arbres de bien prez,
S'entrechoquants d'une importune presse.
D'une autre part la Germaine jeunesse,
Les Reistres fiers et maistres et vallets
Enorgueillis de tant de pistollets,
Donnant le feu à la poudre ensouffrée,
De flamme espoisse allument la contrée,
Et çà-et-là, d'un grand et large tour,
Faisoient paroir un jour contre le jour.

« *Les tambourins, les phifres qui resonnent,*
Les estendars, en qui les vents s'entonnent
A plis menus; et le bruit des chevaux
Qui hannissoient de sons aigus et haults

Et de maint pied la campagne battue,
Faisoient un bruit. La poussière menue
S'en vole en l'air ; le soin d'estre vainqueur
De l'un et l'autre enflammoient tout le cœur.
Comme taureaux les camps s'entrechoquèrent ;
Dessous les coups les armures craquerent.....

. . . .

Dessous un feu tout obscur de fumée
Luisoit la plaine en cent lieux allumée ;
Ils s'accabloient et meurtrissoient de coups.
L'un contre l'autre acharnés comme loups,
De pieds, de corps, de jambes et de teste,
Se vont heurtants ; toujours la main est preste
De faire playe et n'a point de repos.
Dessous les coups les muscles et les os
Font un grand bruit, et, comme les fontaines
Jaillissent l'eau, le sang saute des veines.
La plaine est rouge, et de membres armez
De tous costez les gueretz sont semez.

« Aulcune fois l'un avoit la victoire ;
Aulcune fois l'autre l'avoit. La gloire
Estoit esgale et le dompteur meschef
Pendoit pareil sur l'un et l'autre chef.
Quand le Demon qui à Charles preside[1]

---

1. Le *Démon*, le bon génie de Charles IX, qui servoit de guide à son *frère*, le duc d'Anjou, chasse du camp le *bon génie* de Chastillon.

Et qui servoit à son frere de guide,
S'arma sur nous fier, superbe, felon,
Chassant du camp celuy de Chastillon,
Qui du plus fort redoutant la menace
Se sauve en l'air et luy quitte la place,
A son partir nous desrobant le cœur.
L'horreur, l'effroy, la vengeance et la peur
Logent chez nous; et eusmes l'âme attaincte
De je ne scay quelle invincible crainte,
Qui de nos rangs nous fist desassembler,
Et tout le corps comme feuilles trembler.

« Lors Chastillon, qui servoit de conduite
A nostre camp, tourna le dos en fuite,
Et s'enfuyant, plein de honte et d'ennuy,
Fist tous nos chefs s'enfuir avecques luy.
Hors du combat les Reistres s'en allèrent
Et les François huguenots s'ébranlèrent
Loing de la presse, et, sans ayde ou confort,
Nos chevaliers nous laissent à la mort.

« Incontinent la tempeste royale
Nous accabla. Sa force estoit egale
A ce grand feu qui embrase les champs.
De tous costez les forts glaives tranchants
Frappoient sur nous, qui, plus menu que sable,
Nous firent choir une troupe innombrable.

« Autant qu'on veoit d'herbes dedans les prez,

Autant qu'on veoit des hauts chesnes sacrez,
Tumber en bas des feuilles en automne,
Quand la chaleur les arbres abandonne ;
Autant de corps à bas sommes brunchés,
Autant de tests et de cerveaux tranchés,
D'horribles coups, de playes effroyables.
Ces vieux Rolands, aux guerres redoutables,
Et ces Renauds, en leur plus grand courroux,
Par leurs combats nous firent ces grands coups [1].

« Or, maintenant, dessus la pierre dure,
Hélas ! privez d'honneur de sépulture,
Nous gisons nuds et tout blancs estendus ;
D'un ordre long sur la terre espandus ;
Ainsi qu'on veoit blanchir par la nuittée,
D'un long chemin la saintiere quittée,
Et maudissons celuy qui de nos roys
Nous a soustraits, celuy qui quatre foys
S'est échappé des batailles données,
Ame couharde, et que les destinées
Ont en horreur ; qui, reculant tousjours,
Sans nous donner ny aide ny secours,
Sauve sa vie et s'enfuit de la presse
Et de Pluton la victime nous laisse. »

A tant Charon, d'une cholere esprits,

---

[1]. La phrase n'est ni claire ni correcte. On voit bien que la pièce a été seulement ébauchée.

D'ouyr jaser si longtemps ces esprits,
Qui remplissoient d'un importūn langage
Trop longuement sa barque et son rivage,
Pour empescher le cours de leur parler,
Frappa dessus et les en fit aller...

Ce n'est ici qu'une première ébauche, une esquisse lancée d'un crayon rapide. Mais de quelle veine puissante n'est-elle pas sortie! de quelle main magistrale n'est-elle pas tracée!

MELIN DE SAINCT-GELAYS

3 NOVEMBRE 1487 — OCTOBRE 1558.

EN ce temps-là, Mgr Octovian de Sainct-Gelays (que Dieu veuille absoudre) était évêque d'Angoulême. Bien que frêle et maladif, c'était un prélat de haute mine, de haute noblesse et de haute vertu : — De haute mine ; car personne n'officiait avec plus de dignité, ne prêchait avec plus d'onction. — De haute noblesse ; car il eut pour père messire Pierre de Sainct-Gelays, sieur de Montlieu, marquis de Saincte-Aulaye, de la maison des Sainct-Gelais, seigneurs de Lansac, qui prétendaient descendre des Lusignan. Sa mère était une Philiberte de Fontenay[1]. — De haute vertu, il l'était alors ; mais il ne l'avait pas toujours été. Élevé au milieu d'une cour dissolue, qui s'abandonnait sans frein aux plus ardentes voluptés, il avait de bonne heure abusé de tous les plaisirs ; aussi, dès la fleur de l'âge, épuisé, presque mort, rongé par ce mal terrible qui ne pardonnait pas alors, et dont, un demi-siècle plus tard, devait mourir François Ier, avait-il senti son cœur envahi d'un immense dégoût, et avait-il cherché le repos du corps et de l'âme dans les pratiques de la dévotion, dans l'étude, dans la poésie surtout, où, comme chacun sait, il s'est acquis une grande renommée, par son *Vergier d'honneur*, ses *Translations de Virgile et d'Ovide*, son *Séjour d'honneur*, et autres œuvres pleines de nobles et fructueux enseignements.

C'était à vingt-quatre ans qu'il était entré dans les ordres. A vingt-huit, il était évêque. On arrivait vite en ce temps-là, quand on réunissait la naissance au savoir.

---

1. Voy. La Chesnaye des Bois, t. XII ; le *Dictionnaire historique, biographique et généalogique des familles de l'ancien Poitou*, par Henri Filleau. Poitiers, 1846-54, 2 vol. gr. in-8, t. II, etc.

Cependant, auprès de lui, dans son palais épiscopal, sous ses yeux, s'élevait un jeune garçon, qui avait sept ans lorsque Mgr Octovian, le 17 août 1494, fut intronisé dans la cathédrale d'Angoulême.

En effet, cet enfant était né le 3 novembre 1487[1]. On l'appelait Melin. On semblait ne pas connaître ses parents; quelques-uns disaient tout bas le nom de sa mère, morte dès cette époque, ou mariée à quelque autre; mais ils le disaient si bas, que personne ne l'a retenu. —

---

1. En constatant que Sainct-Gelays était mort en 1558, M. Eusèbe Castaigne n'a pas cru devoir déplacer la date de sa naissance, et je me range d'autant mieux à son avis qu'en 1490 son père présumé présentait à Charles VIII un poëme, le *Séjour d'honneur*, où il témoigne un repentir trop vif de ses fautes passées pour en avoir commis aussitôt de plus graves. On a pu fixer la date du 3 novembre d'après un huitain du poëte qui se trouve à la p. 114ᵉ du t. I de ses Œuvres, que j'ai publiées dans la Bibliothèque elzevirienne (*Paris*, Daffis, 1873. 3 vol. in-12.

> *Novembre et Mars en leurs troisiesmes jours*
> *Seront partout de toute ma puissance*
> *Solennisés et honnorés tousjours,*
> *Car j'eus de l'un ma vie et ma naissance;*
> *L'autre de vous me donna congnoissance,*
> *Mais au second je me sens plus devoir;*
> *Ayant trop plus d'aise et d'esjouissance*
> *De vostre amour que de la vie avoir.*

Il était le favori de MM. les grands Vicaires, le bien-aimé de monseigneur, qui l'appelait son neveu, mais qui le serrait si paternellement dans ses bras amaigris, et, en l'embrassant, laissait éclater sur sa pâle figure un sourire si doux, que personne ne doutait que Melin ne fût le fils de monseigneur[1].

Remarquons, d'ailleurs, qu'il était né trois ans avant que son père renonçât à la vie mondaine.

Melin, car c'est ainsi qu'il signait[2], — et, selon

---

1. André Thevet et Scevole de Saincte-Marthe paraissent être les premiers qui aient parlé de la naissance illégitime de Sainct-Gelays. Niceron et Dreux du Radier semblent croire qu'il était réellement neveu d'Octovian et fils de son frère aîné Jean de Sainct-Gelays. — L'opinion la plus commune est que Melin fut en réalité bâtard de l'évêque d'Angoulême. Parmi tant de témoignages, je me bornerai à alléguer celui du *Gallia christiana*. Les savants auteurs, qui ne peuvent être suspects sur ce point, disent en toutes lettres dans l'article d'Octovian de Sainct-Gelays : *Filium habuit Merlinum Sangelasium, qui patris vestigia secutus, præclara ingenii sui monumenta posteritati consecravit* (t. II, col. 1017-18).

2. Sur une quittance en parchemin qui a fait partie du cabinet de M. Jul. Boilly, on lit en grandes lettres entrelacées, lisibles toutefois : *Melin Sainct-Gelays*. — Voici le texte de la pièce en question :

« Nous, Melin de Sainct-Gelays, seigneur de Sainct-Séverin-au-Pilier et premier maistre d'ostel du Roy, certifyons d'autres, Mellin, Merlin ou Melusin [1], — reçut de bonne heure une de ces éducations fortes, profondes et brillantes, comme on en donnait alors à ceux qu'on destinait aux grandes fonctions publiques.

Les études du jeune Melin embrassaient, non-seulement les langues anciennes et modernes, les sciences exactes, la philosophie, l'astrologie, la théologie, mais aussi l'équitation, les armes, les arts libéraux, en particulier le chant et le jeu des instruments à cordes, talents où il excella tout d'abord.

---

avoir eu et receu de maistre Jehan Caron (?), comis au paiement des gages des officiers de son hostel, la somme de douze cens livres tournois à nous ordonnée par le Roy notre S^r pour nos gages dudit estat de premier maistre d'hostel de l'anné fynie, le dernier jour de décembre derrenier passé, de laquelle somme de XIIe L.-S. nous tenons pour contans. Si en avons quicté et quictons led. Caron au nom susdit et tous autres. En tesmoing de ce nous avons signé ceste pnte (*présente*) de nostre main le unze de février mil cinq cens vingt-trois.

« Signé : Melin Sainct-Gelays. »

1. Il se serait nommé Mélusin à cause de la fameuse Mélusine, dont la légende figure dans l'histoire des Lusignan. — La Monnoye ajoute, dans une note sur Lacroix du Maine (art. Melin de Sainct-Gelays) : « On écrit Mellin, Melin ou Merlin. Le plus régulier des trois est Mellin, nom

Petit et faible de complexion, mais pétillant de vivacité, d'esprit et d'intelligence, il faisait des progrès rapides, lorsqu'à peine entré dans sa quinzième année, il eut la douleur de voir mourir Mgr d'Angoulême, qui trépassa au mois de décembre 1502.

Néanmoins, il ne resta ni sans fortune ni sans protection ; son éducation ne fut pas interrompue, et, à l'âge de vingt ans, nous le retrouvons, sous le nom de Sainct-Gelays, faisant son droit à Poitiers[1], puis ensuite passant plusieurs années dans les célèbres universités italiennes de Bologne et de Padoue.

Mais le climat de l'Italie, cette patrie classique des lettres et des arts, n'était pas fait pour inspirer à l'imagination d'un fils de poëte, poëte lui-même et habile musicien, un grand goût pour les subtilités du droit.

---

d'un saint, autrefois patron d'une église de la province de Cornouailles en Angleterre. Melin a été introduit par la prononciation. Merlin s'est dit par allusion. Dans les *Épîtres* de Longueil, il est appelé *Merlinus Gelasianus*, et Marot ne l'appelle presque jamais que Merlin. Rabelais, par un déguisement flatteur, chapitre dernier de son premier livre, l'appelle Merlin le Prophète. » (Voyez le Rabelais de la Biblioth. elzevirienne, t. Ier, p. 169.)

1. Voy. Thevet, Moreri, Niceron, etc.

« Comme il respiroit le doux air d'Italie, écrit Guillaume Colletet, il s'acquit insensiblement aussy une certaine doulce et agréable faculté d'escrire et d'exprimer ses pensées, laquelle, l'eslevant au-dessus du vulgaire, faisoit que son idiosme françois se ressentoit en quelque sorte de l'ancienne pureté du style grec et romain, et en représentoit aucunement les grâces ; ce qu'il faisoit d'autant plus heureusement, qu'ayant une grande et exacte cognoissance des lettres humaines, des mathématiques et de toutes les parties de la philosophie, il en faisoit tousjours esclater quelques traits dans ses escripts, qu'il enrichissoit ainsy des despouilles de ces nobles sciences.

« Il est bien vray qu'ayant d'abord faict dessein d'embrasser l'estude de la jurisprudence, comme celle qui ouvre la porte des charges de la robe, il eut, pendant quelque temps de son séjour d'Italie, plus de commerce avec Ulpian et Papinian qu'avecques Démosthènes et Virgile. Mais, enfin, comme il vit la science du droit espineuse, obscure et embarrassée par les diverses interpretations et les differentes gloses des docteurs et des interpretes, dont le langage barbare en augmentoit encore les ténèbres et la confusion, il se desgoûta de ce travail, renonça tout à coup à son entreprise, et se vint bientôt reposer dans le sein des Muses fleuries[1]. »

Lorsqu'il revint en France, où la roture seule étoit alors un vice, et non point la bâtardise, il y rencontra l'appui des Sainct-Gelays, fiers de l'éclat que devait jeter sur la famille un jeune homme dont le savoir, l'esprit et les talents donnaient les plus brillantes espérances. Il y retrouva une protection plus puissante encore, car le comte d'Angoulême, après être devenu duc de Valois, alors dans toute la fleur de ses vingt ans, aussi passionné pour les lettres et les arts que pour les amours et la guerre, venait d'échanger son duché contre un trône.

Le siècle de François Ier commençait !

Melin atteignait alors vingt-huit ans. Bien pris dans sa petite taille, il avait le visage long, le front haut et développé, des yeux clairs, mais expressifs et doux, des lèvres souriantes et spirituelles, des cheveux blonds et une barbe fauve,

---

[1]. *Vies d'Oct. de Sainct-Gelais, de M de Sainct-Gelais, de Marguerite d'Angoulême et de J. de la Péruse*, par Guill. Colletet, publiées par M. Gellibert des Seguins, avec des remarques de M. E. Castaigne. (*Paris*, Aubry, 1863, in-8.)

qu'à la mode italienne et à l'exemple du Roi, il portait tout entière.

Dès l'abord, il prit son rang parmi les gentilshommes, les savants et les poëtes. Entre ces derniers, son plus intime fut Clément Marot, plus jeune que lui de quelques années. Clément, dont le père était valet de chambre de Sa Majesté, servait alors, en qualité de page, chez M. de Villeroy, et venait de composer un petit poëme galant, *le Temple de Cupido*, dont le roi avait accepté la dédicace, et qui faisait fureur à la cour. Melin se posa aussitôt comme l'émule en même temps que l'ami du jeune poëte. — Prompt à la répartie, habile à varier la forme de ses vers légers qu'il chantait d'une voix agréable, en s'accompagnant sur son luth, il se répandit en petits quatrains galants, toujours flatteurs pour les dames, à qui il les adressait, et dont il avait soin de ne point donner copie, afin de les employer de nouveau dans l'occasion. Il se gardait encore plus de les livrer à la presse; aussi du Bellay, dans le *Poëte courtisan*, où il le dépeint sans le nommer, put dire de lui, quelques années plus tard :

Tel estoit de son temps le premier estimé,

> *Du quel si l'on eust veu quelque ouvrage imprimé,*
> *Il eust renouvelé peut-estre la risée*
> *De la montagne enceinte.* . . . .

Olivier de Magny, dans une pièce de ses *Gayetés* (1554), où il comble d'éloges Sainct-Gelays, lui reproche aussi de cacher ses vers :

> *De moi j'ai veu des vers qu'il trace*
> *Si pleins de mérite et de grâce...*
> *Que ces vers qui les âmes emblent*
> *Les vers de Catulle ressemblent...*
> *J'espère quelquefois d'escrire*
> *Comme ardemment je les admire,*
> *Et le tort qu'il nous fait aussi*
> *De les ensevelir ainsi.*

Favori des dames, doté par elles, à cause de ses vers *emmiellés*[1] du nom de Melin, qu'il adopta avec enthousiasme, il entra aussi de plus en plus dans les bonnes grâces de François Ier, dont il redressait, sans le dire, la muse boiteuse, et dont il polissait discrètement les improvisations mal venues.

---

1. L'expression a été reproduite par Joachim du Bellay, alors réconcilié avec lui en même temps que Ronsard :

> . . . . . . *Tes vers emmiellés*
> *Qui aussi doux que ton nom coulent.*
>
> Vers lyriques, ode III.

« Le roi chevalier, dit M. Eusèbe Castaigne, dans sa *Notice littéraire sur la famille de Sainct-Gelays* [1], se plaisait souvent à jouer aux impromptus avec notre poëte. Le prince faisait les premiers vers, et Sainct-Gelays achevait le sens et les rimes. — On raconte qu'un jour le monarque, flattant d'une main le cheval sur lequel il allait monter, dit :

> *Petit cheval, gentil cheval,*
> *Doux à monter, doux à descendre...*

et que Melin termina sur-le-champ le quatrain :

> *Bien plus petit que Bucéphal,*
> *Tu portes plus grand qu'Alexandre.* »

Je doute que François Ier, ce roi colossal, montât un cheval de petite taille, et je serais d'avis de laisser l'anecdote à Henri IV et à Théophile de Viaud, auxquels on l'attribue généralement. Je donnerais plus volontiers au Père des lettres et à Melin une gaillardise que M. Castaigne ne croit pas devoir leur attribuer, et que le *Ménagiana* (Amsterdam, 1762, in-12),

---

1. *Angoulême*, Lacombe, 1836, in-18, tiré à 100 ex.

t. I, p. 266, confondant, je pense, le père avec le fils, met sur le compte d'Octovian de Sainct-Gelays.

Le Roi aurait soufflé au poëte, qui revenait de dire la messe, ces trois vers :

> *L'autre hier venant de l'eschole,*
> *Je rencontray dame Nicole,*
> *Laquelle estoit de verd vestue...*

A quoi le poëte aurait répliqué soudain :

> *Otez-moy du col ceste estole,*
> *Et si bientost je ne l'accole,*
> *J'auray la gageure perdue !...*

C'est moins convenable, sans doute, mais bien mieux dans le goût de l'époque et dans l'esprit des personnages.

Sainct-Gelays était entré dans la période brillante de sa vie. Dès ce moment, et de l'aveu même de Marot, tous les deux se partagent le sceptre de la poésie spirituelle et galante :

> *Et ce jour-là, à grand'peine on sçavoit*
> *Le quel des deux gaigné le prix avoit*
> *Ou de Melin ou de moy* [1] ....

---

1. Églogue de Cl. Marot au Roy, sous les noms de Pan et Robin.

Marot avait certes plus de talent et d'esprit, mais son génie aventureux devait le perdre, tandis que Melin sut affermir chaque jour la position qu'il s'était faite. S'il se laissa éblouir un instant par les doctrines de la Réforme, il se garda bien d'afficher trop ouvertement ses opinions, les renia même dès que les persécutions exercées contre son ami, et dans lesquelles il faillit être enveloppé, l'avertirent du danger qu'il courait [1], et se hâta de prendre l'habit ecclésiastique, sous lequel on pouvait presque tout se permettre et prétendre à tout. Son entrée définitive dans les ordres, qui eut lieu, au plus tard, en 1524, lui valut d'abord le poste d'aumônier du Dauphin François, puis de Henri, duc d'Orléans, second fils du Roi, devenu Dauphin, en 1536, par la mort de son père, et qui devait régner un jour sous le nom de Henri II.

---

1. Le Recueil intitulé : *Singelais, Œuvres de Luy*, etc. Lyon, P. de Tours, 1547 (in-8° de 79 pages, lettres rondes), dont M. le baron J.-N. Rothschild possède le seul exemplaire connu, contient certains vers qui doivent dater de la jeunesse de Melin et qui sentent terriblement le fagot, notamment le dizain : *L'on vit jadis une gaillarde dame*... Ce livret, dont on attribue la publication à Antoine du Moulin, a dû être prudemment supprimé par l'auteur lui-même, comme dangereux et compromettant.

Il ne cessa pas, toutefois, de rester le fidèle courtisan de François Ier, qui lui octroya de notables faveurs. — En 1536, par exemple, le Roi étant à Douzère, en Dauphiné, la foudre tomba sur le château. Sainct-Gelays, absent de la cour, ayant été informé du fait, adressa au Roi un dizain qui charma le prince, et dont le poëte fut récompensé par le don de l'abbaye de Notre-Dame de Reclus, de l'ordre de *Cîteaux*, dans le diocèse de Troyes [1].

A cette époque, s'il avait encore à son service le laquais *Famine*, dont parle d'Aubigné dans les *Aventures de Fœneste* (liv. III, chap. III), il ne lui donnait sans doute plus ce nom que par plaisanterie.

En 1544, nous le trouvons à Fontainebleau, gardien de la Bibliothèque, à laquelle avait été réunie celle de Blois, faisant l'inventaire des livres du Roi, et inscrivant au Catalogue 1890 volumes, parmi lesquels il comptait 109 imprimés [2].

---

1. Le dizain qui valut à Sainct-Gelays son abbaye commence par ces mots : *Voyant du ciel Jupiter comme l'aigle*. Il remercia le Roi par un autre dizain (Voyez ses Œuvres, t. II, p. 114, et t. I, page 94).

2. A. Franklin, *Hist. de la Bibliothèque Mazarine*, p. 117. Paris, Aubry, 1860, petit in-8.

C'est qu'aussi Sainct-Gelays était l'homme universel [1]. Sans cesse il avait à la bouche, soit un bon mot, soit quelques vers en l'honneur des dames, soit quelque épigramme salée et épicée pour faire rire les seigneurs de la cour. Doué d'une voix agréable et bon musicien, il chantait lui-même ses vers, en s'accompagnant du luth, dont il donnait des leçons aux Enfants et petits-Enfants de France.

Fallait-il parler? il était orateur. « S'il y avoit quelques braves discours à faire, dit André Thevet, Angoumoisin comme lui (*Hommes illustres*, fol. 557), soit pour écrire en prose, vers françois ou latins, le tout étoit renvoyé à Sainct-Gelays, auquel on avoit recours comme à un Apollon. »

Aucune fête n'était réussie, s'il n'en avait réglé les mascarades, écrit les vers, composé la musique. Quelle charmante surprise ce dut être pour la reine Catherine de Médicis, lorsqu'à

---

1. Charles Fontaine, dans son *Quintil Horatian*, imprimé à la suite de l'*Art poétique françois* (de Th. Sibilet), *Lyon*, Payan, 1556, in-12, pages 204 et 205, exalte « monsieur de Sainct-Gelays qui compose, voire bien sur tous autres, vers lyriques, les met en musique, les chante, etc.

Blois, en 1554, aux noces du marquis d'Elbeuf, ses filles, avec d'autres dames et gentilshommes de la cour, représentèrent, devant elle et devant le roi Henri II, la *Sophonisba* du Trissino qu'elle avait entendue en Italie, et qu'elle retrouvait en France, parlant le langage de sa nouvelle patrie, et enrichie de chœurs à la manière antique[1] ! Sainct-Gelays avait déjà charmé toute la cour florentine en façonnant des pensées françaises sur un moule italien ; car ce fut lui qui, le premier, naturalisa en France le sonnet de Pétrarque[2]. — Mais ce qui, plus que tout autre talent, dut séduire la superstitieuse Catherine, c'était sa science astrologique, dont témoigne un rare opuscule, *l'Advertissement sur les Jugemens d'astrologie*, imprimé à Lyon en 1546,

---

1. Brantôme, *le Grand Roy Henri II et Catherine de Médicis.*

2. On a vainement contesté ce fait. Le *sonnet* des anciens troubadours n'avait aucune espèce de ressemblance avec le sonnet italien. M. Louis de Veyrières en donne des preuves décisives dans sa savante monographie du sonnet, *Sonnettistes anciens et modernes* (Paris, Bachelin-Deflorenne, 1869, 2 vol. in-18). Édouard Turquety, poëte et bibliophile, a spirituellement exprimé le même avis en disant : « Le sonnet français n'est pas de ceux qui ne savent à quel saint se vouer, étant né avec Sainct-Gelays, mort avec Saint-Pavin et ressuscité avec Sainte-Beuve. »

chez J. de Tournes. Ce fut, avec l'autre petit volume de poésies mentionné ci-dessus, dont du Moulin fut l'éditeur, et dont M. de Rothschid possède le seul exemplaire, tout ce qu'on publia de lui de son vivant. Rare témoignage d'habileté; car il sut conserver à ses poésies, dont le plus grand charme consistait souvent dans son art de les dire ou de les chanter, tout l'attrait de la fraîcheur et de la nouveauté.

Choyé des grands, qu'il adulait sans bassesse, envié des petits, superficiel et brillant, courtisan par excellence au milieu de cette cour galante dont sa muse était l'emblème et l'idole, il eut d'autres succès que ses triomphes littéraires. Moins aventureux que son ami Clément, il ne demanda à Diane de Poitiers et à la reine Marguerite que leur protection, et se dédommagea auprès des dames de la cour, qui payèrent ses petits vers légers par des faveurs que ce Bernis du XVIe siècle n'afficha point, mais qu'il ne put toujours dissimuler. Un certain seigneur[1], qu'il désigne (ou qu'il cache peut-être) sous le nom

---

1. Voy. le dizain : *Quand Chaluan vit qu'un de ses valets...* dans les œuvres de M. de Saint-Gelays (t. II, 277).

de Chaluan, lui dressa un guet-apens, comme il sortait d'un rendez-vous avec une dame qui tenait de près au jaloux, et le poëte fut blessé de manière à s'en souvenir.

J'ai remarqué, sans vouloir faire de récriminations indiscrètes, que mademoiselle de Saint-Léger, une des filles d'honneur de Catherine de Médicis, est bien souvent l'objet de ses vers galants et badins. On compte encore, parmi les dames à qui ses poésies s'adressent volontiers, mademoiselle Loyse du Plessis, et une Hélène, prénom qui pourrait également s'apliquer à mesdemoiselles de Boissy, de Culant et de Tournon.

Mais ce ne sont là que des coquetteries poétiques, et il eut des amours plus charnelles, s'il est vrai, comme l'affirme du Verdier, dans sa *Bibliothèque française* (art. Gilles Corrozet), qu'une certaine Diane, qu'il appelle sa nièce (de même que Mgr d'Angoulême l'appelait son neveu), et à qui il adresse une de ses pièces de vers les mieux senties, est, en réalité, sa fille naturelle.

Volage en amour, Sainct-Gelays était solide en amitié. Il soutint et défendit jusqu'au bout Clément Marot persécuté. Ce noble dévouement honore d'autant plus son caractère que l'exil et la mort de son rival lui laissèrent sans conteste le premier rang parmi les poëtes de son époque.

Saisissons ce moment de sa gloire ; observons l'astre à son apogée, et tâchons de l'apprécier à sa véritable valeur.

Je ne m'arrêterai point au concert des éloges nécessairement exagérés que lui décernèrent ses contemporains [1]. Ce n'est point là que se trouve la vérité. La preuve que ses poésies ne sont pas sans mérite, c'est qu'elles ont été successivement réimprimées de siècle en siècle, et que La Monnoye, après avoir fourni quelques pièces nouvelles pour l'édition de 1719, en préparait une autre qui devait être accompagnée du curieux et savant commentaire que j'ai publié pour la première fois.

La Monnoye, comme on le verra, se montre sévère pour les mignardises alambiquées de Sainct-Gelays, et ne pardonne qu'à ses épigrammes.

---

1. Le surnom d'Ovide françois lui a été donné à tort. Il convient beaucoup mieux à son père, l'auteur d'une traduction des *Épistres* d'Ovide en vers français, et c'est à ce dernier qu'il a dû être décerné dans l'origine.

Chargé de le juger, dans le second volume des *Poëtes français*, publié sous la direction de M. Crépet, M. Charles d'Héricault le traite avec une pareille rigueur; mais il motive beaucoup mieux son opinion.

« Ce qui frappe le plus en lui, dit l'habile critique, c'est l'absence de toutes les qualités de l'intelligence virile. Son esprit même, qui est incontestable, et, je l'avoue, de rare valeur, est surtout un esprit de femme, et encore l'esprit d'une femme de la cour. L'élégance y domine, mais maniérée et prétentieuse; la grâce n'en est point absente, mais elle est affectée et minaudière..... La forme est remarquablement facile, mais de cette facilité propre à la causerie, qui s'adresse aux choses légères, et qui, après avoir un instant voltigé autour d'une pensée insignifiante, s'enfuit en lançant un éclat de rire..... »

Je regrette de ne pouvoir citer qu'un lambeau de cette appréciation excellente, mais que je trouve un peu rude, ayant la faiblesse de m'attacher, en dépit de moi-même, à ces chers morts qui ne peuvent se défendre.

Le père de la critique française, le maître des élégances littéraires, M. Sainte-Beuve, a porté sur Sainct-Gelays un jugement qui cadre bien mieux avec ma propre pensée, jugement dont j'ai hâte de m'emparer, désespérant de jamais peser un écrivain avec d'aussi justes balances et de le peindre d'un pareil style :

« Avec plus de correction peut-être et plus d'éclat que Marot, Sainct-Gelays est bien loin de la franche naïveté gauloise. Les pièces qu'il a laissées, fort courtes pour la plupart, étincellent de traits, soit gracieux, soit caustiques; mais elles n'ont presque jamais le laisser-aller d'un conte ou d'une causerie. Quand Marot est excellent, il y a chez lui quelque chose de La Fontaine ; quand Sainct-Gelays invente le plus ingénieusement, c'est dans le tour de Voiture et de Sarrazin. Ces beaux esprits lui auraient envié le dizain que voici :

> *Près du cercueil d'une morte gisante,*
> *Mort et Amour vinrent devant mes yeux.*
> *Amour me dit : La mort t'est plus duisante,*
> *Car en mourant tu auras beaucoup mieux.*
> *Alors la Mort, qui régnoit en maints lieux,*
> *Pour me nâvrer son arc fort enfonça ;*
> *Mais par malheur, sa flèche m'offensa*
> *Au propre lieu où Amour mit la sienne*

> *Et sans entrer, seulement avança*
> *Le trait d'Amour en la playe ancienne.*

« Après une rupture, il écrit à sa maîtresse qu'on peut raccommoder la flèche brisée de l'Amour :

> *L'acier, au lieu de sa soudure,*
> *Est plus fort qu'ailleurs et plus ferme.*

« Entre deux beautés qui l'agaçaient, il choisit la plus petite :

> *La grande en fut, ce crois-je, bien despite;*
> *Mais de deux maux le moindre on doit choisir.*

« Par malheur, cette gentillesse de Sainct-Gelays va souvent jusqu'à la *mignardise*, suivant l'expression d'Estienne Pasquier[1]; et si son mauvais goût n'est pas celui auquel nos vieux poëtes et Marot lui-même sont quelquefois sujets, s'il ne fait pas *coigner Cognac* et *remémorer Romorantin*[2], il joue sur les idées aussi puérilement que d'autres sur les mots, et n'évite le défaut national que pour tomber dans

---

1. *Recherches sur la France*, liv. II, chap. v.
2. Jeux de mots qu'on trouve dans la complainte de Marot sur la duchesse d'Angoulême. (S. B.)

l'afféterie italienne; témoin le sonnet suivant, qui n'est peut-être pas le plus maniéré de tous :

> *Voyant ces monts de veue aussi lointaine,*
> *Je les compare à mon long desplaisir :*
> *Haut est leur chef et haut est mon désir,*
> *Leur pied est ferme et ma foi est certaine.*
>
> *D'eux maint ruisseau coule et mainte fontaine,*
> *De mes deux yeux sortent pleurs à loisir;*
> *De forts soupirs ne me puis dessaisir,*
> *Et de grands vents leur cîme est toute pleine.*
>
> *Mille troupeaux s'y promènent et paissent,*
> *Autant d'Amours se couvent et renaissent*
> *Dedans mon cœur qui seule est leur pâture.*
>
> *Ils sont sans fruit; mon bien n'est qu'apparence.*
> *Et d'eux à moi n'a qu'une différence,*
> *Qu'en eux la neige, en moi la flamme dure.*

« Melin de Sainct-Gelays semble n'avoir négligé aucun des contrastes que la poésie pouvait offrir avec sa profession et fait souvent servir sa science ecclésiastique à des allusions assez profanes. Tantôt il inscrit un compliment d'amour sur le Livre d'Heures d'une pénitente, et lui esquisse, pour ainsi dire, la *Confession de*

Zulmé[1] ; tantôt, un jour de Pâques, il observe à sa dame qu'elle doit bien lui alléger ses peines de cœur, puisque Dieu délivre en ce moment les âmes languissantes des limbes. Les portraits de saint Jacques, de saint Michel, de saint Georges, et même de saint Antoine, lui inspirent plus de quatrains érotiques que d'oraisons, et il ne respecte ni la Madeleine, ni les onze mille vierges...

« Tout consommé qu'était Melin dans la galanterie du sonnet et du madrigal, l'obscénité de l'épigramme ne l'a pas rebuté. On doit convenir, pourtant, qu'il a très-bien réussi en ce dernier genre, et que, plus il s'y rapproche de la gaieté un peu grossière de l'époque, plus il en retrouve aussi les saillies et le naturel. La douceur de son style et l'indolence de son humeur n'émoussaient point chez lui le piquant de la causticité ; et Ronsard avec qui il eut quelques démêlés littéraires, s'est plaint douloureusement de la *tenaille de Melin.* »

J'ai raconté ailleurs cette querelle[2], qui ne

---

1. Est-il besoin de rappeler que la *Confession de Zulmé* est de Ginguené ?

2. Voyez pages 53 et suivantes de ce volume.—Voyez aussi les *Nouveaux Mémoires d'histoire,* etc., par l'abbé d'Artigny. (*Paris,* Debure, 1752, in-8, t. V, p. 202 et suivantes.)

fut dans la vie de Ronsard qu'un épisode heureux, mais qui fut une catastrophe dans celle de Sainct-Gelays.

Les hostilités avaient commencé en 1549, par la publication de l'*Illustration de la langue françoise*, manifeste littéraire dans lequel du Bellay avait attaqué Marot, Heroët et surtout Sainct-Gelays, dont il citait les vers sans le nommer, et qu'il avait encore plus stigmatisé dans son *Poëte courtisan*.

Charles Fontaine répondit par une critique amère du livre de du Bellay : *le Quintil Horatian*, où il exaltait Sainct-Gelays aux dépens de la nouvelle école et surtout de Ronsard.

Sur ces entrefaites, en 1550, Ronsard mit au jour ses *Odes*, objet de l'enthousiasme des uns, du mépris des autres, et qui partagèrent en deux camps ennemis les lettrés de la cour. Henri II lui-même, bien que peu curieux de pareilles matières, voulut savoir publiquement de Melin ce qu'il pensait du poëte nouveau. Le vieux rimeur commença par fustiger de la bonne manière cet orgueilleux écolier, ce pindariseur outrecuidé qui s'arrogeait le droit d'amener les Muses grecques à la cour de France, pour aboutir à ne sonner autre chose que ses propres louanges. Puis, non content d'avoir ainsi *pincé* la victime de ses *tenailles* mordantes, pour confirmer son dire et achever l'exécution, il ouvrit le livre des *Odes* et se prit à débiter d'un ton ridiculement enflé les endroits qui lui semblaient prêter davantage le flanc à ses critiques.

Le sourire s'accentuait sur les lèvres de Henri II ; les courtisans allaient enchérissant sur la gaieté du maître, quand madame Marguerite, se levant indignée, arracha le volume des mains de Sainct-Gelays, l'accusant de bassesse et d'envie, reprochant au roi, son frère, de se laisser insulter lui-même dans le génie qui devait illustrer son règne, et reprenant d'une voix émue les vers qui glorifiaient Henri, elle fit si bien que l'admiration succédait à la risée, qu'une pension était accordée au poëte et que Sainct-Gelays confus tombait victime des brocards qu'il avait lui-même excités.

Brisé par cette scène violente, Sainct-Gelays eut beau protester de ses bonnes intentions et faire ensuite mille efforts pour se rapatrier avec Ronsard ; il eut beau lui dédier un sonnet qu'il avait jadis écrit pour Marot et un autre qui paraît être resté inédit jusqu'à l'édition elzevirienne ; Ronsard, de son côté, bien vengé du jaloux, eut beau lui pardonner de bon cœur, lui adresser une Ode et chanter dorénavant ses louanges en toute occasion, Sainct-Gelays ne s'en releva plus aux yeux des jeunes gens de la cour[1].

---

1. Ronsard publia en 1552 une ode à madame Marguerite, dans laquelle il raconte l'insulte de Sainct-Gelays et la sortie de la sœur du Roi; mais presque aussitôt il se calme, le nom de Sainct-Gelays disparaît, ainsi que plusieurs strophes de l'ode, et l'ode de réconciliation, adressée à Sainct-Gelays, paraît dès 1553, à la suite de la 2ᵉ édition des *Amours* de Ronsard.

Le marquis A. de Rochambeau, dans son livre intitulé : *Recherches sur la famille de Ronsart* (*Paris*, Franck, 1869), in-8 et in-16), a inséré page 185 une curieuse lettre de Ronsard, appartenant à M. Feuillet de Conches, et qui se rapporte à cette affaire. En voici le texte :

« Monsieur, je vous supli de vouloir tant faire de bien à ce pauvre enroué et morfondu et lui despartir de vos nouvelles si aues rien apris de nouueau depuis que ie ne vous vy. L'ode de Sainct-Gelays est faite et ne veux la lui faire tenir sans vous l'auoir premièrement communiquée.

« Je me recommande humblement aux plus que divines Grâces et Charites de mademoiselle de Morel et aux vostres pareillement.

« Votre obéissant frère, serviteur et amy,

« Ronsard. »

Le destinataire de la lettre est Jean de Morel, Ambrunois. L'*enroué* est Ronsard lui-même. L'ode est celle qui commence : *Toujours ne tempeste enragée*, etc. (II, 278 de mon édit. de Ronsard). Mademoiselle de Morel est la célèbre et savante Camille. J'assignerais l'hiver de 1552 pour date à cette lettre.

A dater de cette époque, sans renoncer à la poésie française, dans laquelle il maintenait la vieille tradition gauloise contre les novateurs de la Pléiade, il composa beaucoup plus de vers latins, genre d'écrire où Ronsard ne pouvait lui disputer la palme. D'autre part, il avait dépassé la soixantaine, et ce n'est plus l'âge où un écrivain peut songer à adopter une nouvelle manière. Il survivait à Clément Marot, à André de La Vigne, à Nicolas d'Herberay des Essarts, à bien d'autres encore. L'école dont il avait été le plus brillant coryphée, les grands seigneurs qui l'avaient protégé, les nobles dames, les jeunes filles auxquelles il prodiguait ses quatrains d'une galanterie raffinée, tout ce qui l'avait aimé, soutenu, admiré, était ou vieux ou mort. Il ne lui restait plus qu'à mourir.

Ce déclin de sa vie ne fut pourtant pas sans gloire. Moins d'un an avant sa fin, il faisait encore chanter deux nymphes de Saint-Germain-en-Laye devant le roi Henri II. Il était à Paris, quand il fut atteint de sa dernière maladie. Un jour, au fort de la fièvre, « il se fit apporter son luth, ou selon d'autres sa harpe (c'est Guillaume Colletet qui parle ainsi), et comme du commun consentement de tous les autheurs de son siècle, il excelloit dans la cognoissance de la musique, tant vocale qu'instrumentale, il commença de chanter d'une mourante voix, joincte aux doulx accords de ses mains tremblantes, ces vers lugubres qu'il venoit de composer :

Barbite, qui varios lenisti pectoris æstus, etc..,

Colletet les paraphrase dans le sonnet suivant :

« *Luth ! dont la mélodie enchanta les ennuis*
Que l'amour et le sort me donnèrent sans cesse,
Quand la cour et les yeux d'une belle maîtresse
Partagèrent ensemble et mes jours et mes nuits;

« *Puisque tu plains mes maux et que tu les destruis,*
Ainsi que ta douceur égaya ma jeunesse,
Doux charme de mes ans, console ma vieillesse
Et dissipe l'ardeur de la fièvre où je suis.

« *Après tant de faveurs, quand le trait de la Parque*
M'aura précipité dans la fatale barque
Qui prend tous les mortels malheureux ou contens;

« *Je veux qu'auprès du Dieu qui m'a l'âme échauffée,*
Tu brilles tellement de rayons esclattans,
Qu'on te prenne, beau Luth, pour la lyre d'Orphée. »

Ce fut le dernier effort de la vie et le dernier soupir de la Muse. Le vieux poëte pâlit, se tut et retomba glacé sur son lit. Les médecins, appelés en toute hâte, se mirent à disserter sur son mal. Les uns le disaient mort, les autres espéraient pouvoir le ranimer encore. Il rouvrit un instant les yeux et, avec un sourire suprême : « Je vais, dit-il, vous mettre d'accord ! » Puis se retournant vers la ruelle, il expira.

Le lendemain les distiques latins de Sainct-Gelays furent chantés à ses obsèques et accompagnés, sur sa propre harpe, de la mélodie qu'il avait composée pour eux. Tous les auteurs contemporains s'honorèrent de faire cortége au corps du poëte, à l'église de Saint-Thomas du Louvre, où il fut enseveli. Cette dernière inspiration, cette harmonie suprême, exhalée par un mourant et chantée à ses funérailles, répandit dans l'assistance une profonde émotion.

M. Eusèbe Castaigne assigne pour date à la mort de Sainct-Gelays le mois d'octobre 1558 ; or cette date doit être exacte ; car dans ses *Odes*, publiées en 1559, Olivier de Magny déplore sa perte récente.

Il aurait donc vécu soixante et onze ans, et non pas soixante-sept ans, comme on l'avait pensé jusqu'à présent.

Colletet ajoute : « Ronsard fut un de ceux qui le regretta davantage ; en quoy il fit bien paroistre qu'il avoit entièrement oublié les mauvais offices qu'il en avoit reçus. »

Et Colletet dit la vérité, car dix ans plus tard, dans son *Bocage royal* (t. III, p. 355 de l'édit. elzevirienne), Ronsard célébrait encore

> *Sainct-Gelays qui estoit l'ornement de nostre âge*
> *Qui le premier en France a ramené l'usage*
> *De sçavoir chatouiller les aureilles des Rois*
> *Par un Luth marié aux accents de la voix,*
> *Qui au ciel esgaloit sa divine harmonie.....*

Je m'arrête sur ce témoignage d'une réconciliation sincère et persévérante, sur la pensée mélancolique de cette Muse à son aurore donnant une larme pieuse à la poésie du passé.

JEHAN MARION

POËTE INCONNU DU XVIᵉ SIÈCLE

Il y a quelques années, je rencontrai chez un de nos libraires, qui est en même temps un fin connaisseur, un manuscrit très-petit in-4°, de 102 feuillets, ayant jadis appartenu au comte de Caylus, et renfermant les œuvres d'un poëte inconnu, qui avait écrit dans la première moitié du XVIᵉ siècle.

Je n'hésitai point à acquérir les poésies de JEHAN MARION.

Ma première idée fut de chercher à leur auteur une place parmi les ancêtres de Théophile

Marion-Dumersan, qui fut à la fois un savant numismate et un dramaturge fécond, Dumersan, à qui nous devons *Les Saltimbanques*, ce désopilant chef-d'œuvre de la comédie bouffonne.

La vie errante et bohème que Jehan Marion a dû mener pendant les premières années de sa vie se fût accordée d'une manière assez piquante avec la comédie de son descendant. Par malheur pour ma conjecture, la famille de Dumersan, qui remonte au xiv° siècle, est bretonne, tandis que mon poëte est originaire de la ville que devait, un siècle plus tard, illustrer M° Adam Billaut, le menuisier de Nevers. J'abandonnai donc pour le moment la question généalogique, et je passai à l'examen de mon manuscrit.

Personne, à ma connaissance, n'a cité le nom de Jehan Marion parmi ceux des faiseurs de vers. Ses poésies sont demeurées inédites jusqu'au jour où M. Willem m'en demanda une édition[1] ; et tout ce qui restait de lui est vraisemblablement contenu dans le manuscrit que j'ai actuellement sous les yeux.

---

1. *Rondeaulx et vers d'amour*, par Jehan Marion... Publiés pour la première fois par P. Blanchemain, *Paris*, Léon Wilhem, 1873. Petit in-4° tiré à 100 exemplaires.

On y trouve : — « 1° Les Questions problématiques d'Amours, traduictes de prose en rigme. — 2° Un Carme admonitoire de Mathurin Cordier, affin que les enfans viennent incontinant à Jesuchrist, selon cette sentence : Laissez venir les petits à moy et ne les empeschez point. Car le Royaulme de Dieu est pour tels.... Traduict (en vers) de latin en françois. — 3° Enfin, des Rondeaulx, Quadrains, Sizains, Ballades, Epistres et autres poésies. »

Les questions problématiques d'Amours sont des propositions d'une galanterie assez alambiquée, suivies de leurs solutions, et dans le genre de celle-ci, que je prends au hasard :

> *Pourquoy est ce, dont procede et dont vient*
> *Que ung aymant ne peult apercevoir*
> *Le vice ou faulte de celle qui le tient*
> *Au lacs d'Amour ; et si ne le peult veoir*[1] *?*

Les réponses, aussi en vers, rappellent le genre des Arrests d'Amours de Martial d'Auver-

---

1. On voit tout d'abord que Marion est encore de l'école du xv° siècle, où l'*e* muet, à la césure, suivi ou non d'une voyelle, s'élide ou compte pour une syllable, à la volonté du poëte. — Les scribes et les premiers imprimeurs avaient inventé, pour indiquer cette différence, l'*e* barré qui marquait l'élision de cette voyelle muette.

gne, ainsi que des Questions d'Amour qu'on a attribuées à Alain Chartier et dont elles sont peut-être imitées.

Ces questions d'amour furent sans doute l'œuvre de prédilection de l'auteur, puisqu'il les a mises en tête de son manuscrit. Pour ma part, je fais peu de cas de cette littérature entortillée. Je préfère sa traduction du Carme admonitoire de Mathurin Cordier. Les vers portent le cachet d'un temps où la langue n'avait pas encore acquis la grâce et la souplesse qu'elle eut un peu plus tard ; néanmoins ils coulent d'une veine assez facile :

> *Aproche donc maintenant, mon enfant,*
> *Et de bon cœur supply le Tout-Puissant,*
> *Christ, qui régit, et aussi qui t'enseigne*
> *A marcher droict. Son chemin fault que preigne.*
> *Suffise à toy la seule voye avoir*
> *De Jesuchrist ; car, comme tu peulx veoir,*
> *Les Peres-Saincts se sont tous disposez*
> *A le ensuyvre, et à luy postposez.*

Là encore n'est pas la véritable originalité de Jehan Marion. C'est dans les petites poésies rejetées à la fin de son livre, écrites sans prétention, au jour le jour, recueillies par lui-même et pour ses intimes, que je retrouve les empreintes les plus vivantes de cette figure inconnue. C'est par là, selon moi, qu'il mérite d'échapper à l'oubli. Beaucoup d'autres lui étaient inférieurs, qui ont survécu dans quelques bouquins échappés au naufrage de toute une édition, d'autant plus précieux qu'ils sont plus rares, et, l'avouerai-je, plus insignifiants. On s'en dispute, à prix d'or, trois ou quatre exemplaires; que dis-je? on les réimprime, afin de tromper, par l'appât d'une viande creuse et insipide, l'appétit toujours croissant des bibliophiles.

J'ignorerais jusqu'au nom de Jehan Marion, s'il n'avait eu la prudence de le conserver dans deux ou trois acrostiches, dont voici un spécimen.

Je vous envoy, ma souveraine Dame,
En vous priant le vouloir recepvoir,
Hélas! un ♡ tout consommé en flame,
Avous ayant mis tout le sien espoir.
Ne voullez donc iceluy despourvoir;
Mais luy donner tousjours bonne espérance.
A vous servir employra sa puissance:
Regardez donc comme y voulez pourvoir,
Je vous supply, car suis en grand souffrance.
Ou aultrement (ainsi qu'on pourra veoir)
Je feray faulte morir de desplaisance.

Outre qu'il nous révèle le nom de Marion, cet acrostiche nous fait connaître qu'il était amoureux et qu'il offrait son ♡ à certaine personne qu'il ne nomme point. Cette singularité de remplacer par un dessin le mot *cœur* se reproduit presque constamment dans le manuscrit. Mais, soit dessiné, soit écrit, j'ai lieu de croire que le sentiment de Marion fut accueilli favorablement; toutefois, bien des difficultés s'opposaient à ce qu'il obtînt sa récompense.

Le plus grand obstacle était la pauvreté du poëte. Elle ne lui permettait même pas d'acheter des dispenses pour épouser la bien-aimée de son cœur :

> *Car entre nous a trop grande alliance,*
> *Pourcequ'au vray madame vostre mere*
> *Est ma marraine, comme m'a dict mon père...*
> *Ce ne pourrait se faire sans dispense,*
> *Ce qui serait à bien grande depense.*

L'antique sévérité de l'Église au sujet de ces parentés spirituelles s'est de beaucoup adoucie au profit des amoureux; mais en ce temps-là l'obstacle était grave; et, comme la bien-aimée du malheureux rimeur habitait ainsi que lui la ville de Nevers, il se vit forcé, tant pour éviter la vue de celle qu'il ne pouvait obtenir, que pour amasser quelque peu d'argent, de s'expatrier, mettant à profit, pour lui-même, le conseil qu'il donne dans ce huitain :

> *Aprens tandis que tu es en jeunesse*
> *Et que tu as la fortune prospère;*
> *Car si ung coup la fortune te laisse,*
> *Tu ne pourras retrouver son repaire.*
> *Mais si tu sçais quelque mestier bien faire,*
> *Ou que tu saiche art ou quelque science,*
> *Ne te lairra; mais pour vray, au contraire,*
> *Te nourrira, sans que vive en souffrance.*

Or, devinez quel était le métier qui nourrissait le pauvre amoureux exilé ? — Celui de *maître d'école ambulant !* — Il s'en allait, par les villes et par les bourgades, réunissant çà et là quelques écoliers, qu'il instruisait pendant deux ou trois semaines, qu'il abandonnait un temps pour aller à d'autres, et dont il revenait à intervalles plus ou moins réguliers, poursuivre l'éducation commencée.

Son premier soin, au débotté, était de faire semondre ses écoliers par le crieur public et d'apposer à sa porte une affiche bien naïve; car le grand art de la réclame, alors à son début, ne laissait pas même prévoir la perfection qu'il devait atteindre trois siècles plus tard.

Voici donc ce qu'il traçait de sa plus belle écriture :

> *Enfans, enfans, venez diligemment*
> *Vers le maistre, lequel nouvellement*
> *Est arrivé en ceste bonne ville,*
> *Pour vous monstrer l'art d'escripture, utile*
> *Et prouffitable sur toute autre science.*
> *Donc si voulez en veoir l'experience,*
> *Ne tardez plus et marchez pas-à-pas ;*
> *Car il la montre par figure et compas.*

MM. les opérateurs qui fréquentent aujourd'hui les foires, extirpant d'une même main les cors aux pieds et les molaires rebelles de nos bons villageois, regarderaient comme au-dessous d'eux un pareil *boniment*. — Néanmoins, le maître d'écriture devait y trouver quelque profit ; car il parcourut pendant plusieurs années sa province, revenant toujours à Nevers, point central de ses tournées, d'où il a daté deux épîtres en vers, parmi celles que j'ai trouvées dans son manuscrit. — A ce dur et ingrat métier, il sut au moins acquérir une clientelle qui assurait son existence, car il finit par faire sa demande

de mariage, une demande en vers, comme de
juste ; laquelle est suivie de la réponse de la
demoiselle, aussi en vers ! Et je soupçonne fortement Marion de l'avoir mise en *rigme* lui-
même, pour plus d'élégance. Les voici l'une
et l'autre :

HUICTAIN.

Si ne pensois point estre reffusé
De vostre pere; à lui ferois demande
De vous ; mais crains que je sois accusé
De pouvreté qui sur moi est si grande.
Voilà la cause que hardiesse prendre
Je n'oserois parler du mariaige
D'entre nous deux. Je vous prie y entendre,
Et me mander si y avez couraige.

RESPONSE.

Trop plus d'honneur qu'à moy il n'appartient
Vous me ferez, s'aucune demande faire
De moy voulez, la quel' pouvreté tient
Bien plus que vous ; n'en dictes le contraire.
Mais si voulez entendre à ceste affaire,
Et si voulez à mon pere le dire ;
S'à Dieu il plaist, il se pourra bien faire.
Alors auray ce que mon ♡ desire.

Les premières années du jeune ménage furent
attristées par la perte d'un nouveau-né, qui

vécut huit jours à peine, et à qui le père consacra cette épitaphe, empreinte d'une douleur naïvement pieuse :

> *Cy-gist et est, soubz ce tombeau petit,*
> *Ung jeune Enfant qui long-temps ne vesquit,*
> *Fors seulement huict jours ou environ,*
> *Et s'appeloit Guillaume Marion..*
> *Or pour autant que plus legierement*
> *Pourra monter lassus au firmament,*
> *O vous, Passants, qui cest escript lisez,*
> *Je vous supply, qu'un bien peu advisez*
> *A prier Dieu; afin que puisse mieulz*
> *Avoir ma place avec luy aux saincts cieulx.*

Une autre épitaphe, que le poëte a composée pour un parent, mort en 1549, à l'âge de 92 ans, et qu'il appelle Dreux de Nevers, détermine d'une part l'époque où il écrivait, tandis que d'autre part elle le rattache à la famille d'un célèbre légiste Nivernais, Simon Marion, sieur de Druy, qui a laissé un volume de plaidoyers imprimé en 1625, in-8.

M. Leblanc-Bellevaux, archiviste du département de la Nièvre, dont j'aime à reconnaître l'obligeance, a compulsé pour moi les terriers, dénombrements, actes d'hommage, etc., de cette époque ; il y a trouvé un Jehan Marion, Sr de Couddes, conseiller maître des comptes de Nevers en 1571, et un Jehan Marion, secrétaire du duc de Nevers en 1588.

De son côté, un de mes collègues de la société des Bibliophiles français, M. Grangier de la Marinière, si versé dans l'histoire du Nivernais, m'a signalé un Jehan Marion, qui fut échevin en 1579 et 1580, et dut mourir à peu près vers cette époque ; car il n'est plus cité comme échevin dans les années suivantes et, ordinairement, à moins d'avoir démérité, on était réélu plusieurs fois à ces fonctions honorables.

Il n'y a pas lieu de supposer que les trois Jehan Marion susnommés soient un seul et même personnage ; mais je ne suis pas éloigné de penser que mon poëte et l'échevin de 1579 ne faisaient qu'un.

J'aime à me représenter le vieux professeur d'écriture, homme distingué dans le milieu où il vivait, imbu des plus purs sentiments et des meilleurs principes, parvenant à une honnête aisance et revêtu, dans sa vieillesse, de la modeste mais utile dignité d'échevin.

Une fois marié et fixé à Nevers, il dut enfin y

conquérir une certaine notoriété, et par suite une position méritée par son savoir et sa persévérance. Il fut donc échevin ; il le fut peu d'années après Miles Marion, père de Simon Marion, le jurisconsulte, l'avocat général au parlement de Paris, le baron de Druy, qu'Henry III anoblit en janvier 1583. — Il le fut, comme l'ont été Guy Coquille, son contemporain, comme les Desprez, les Gascoing, les Rapine, les Cotignon (dont Cotignon de la Charnaye, le poëte) et tant d'autres.

On ne saurait établir sans titres si Jehan Marion était oncle ou cousin de Simon Marion, souche d'une famille tour à tour honorée par les armes et le barreau; mais, ainsi que le dit fort bien M. Grangier de la Marinière, tout semble prouver qu'ils étaient proches parents.

Et maintenant, dois-je me flatter d'avoir ajouté un nom à la liste des poëtes dont la France a le droit d'être fière ? — Non, certes! mais je ne suis pas fâché d'avoir trouvé, au XVIe siècle, dans la personne de mon maître d'école ambulant, un pendant au menuisier-poëte que le XVIIe siècle vit fleurir à Nevers.

JACQUES TAHUREAU

POËTE DU XVIᵉ SIÈCLE[1]

Lettre à Théodore de Banville.

CHER POËTE,

Vous entourez d'un véritable culte les rimeurs de la Renaissance et, entre tous, le grand Ronsard. Vous avez même cadencé maintes fois vos vers, sur des rhythmes pareils ou analogues à

---

[1]. Notice écrite pour une nouvelle édition des poésies de J. Tahureau, que M. Jouaust a fait paraître dans le CABINET DU BIBLIOPHILE, *Paris*, 1870, deux vol. in-16.

ceux qu'il *avait pris le soin,* comme le disait Maurice de Laporte, son éditeur, *de mesurer sur la lyre.* Voulez-vous me permettre de choisir et de vous présenter, parmi cette *Brigade* (la Pléiade n'était pas encore formée), qui se pressait sur les pas du brillant prince des poëtes français, l'un des plus gracieux et l'un des plus jeunes?

Ne semble-t-il pas singulier d'appeler *jeune* un trépassé de trois siècles? Il le faut bien pourtant! C'est à vingt-huit ans que la mort a touché Jacques Tahureau. Tant qu'un souvenir restera de lui, les siècles auront beau couler, toujours il conservera sa jeunesse et l'auréole de ses vingt-huit ans.

Parmi ces aimables génies, qui s'épanouirent au XVI° siècle, il n'est pas l'un des moins attrayants. Ses vers n'ont reçu d'autre inspiration que celle de l'Amour et des Muses légères; mais, dans sa veine juvénile, on sent bouillonner cette ardeur passionnée, cette puberté naïve, cette exubérance de séve, qui nous ravissent, en ce printemps des arts et des lettres qu'on a si bien nommé LA RENAISSANCE, qu'on eût mieux appelé peut-être *le Renouveau*, si l'on eût voulu parler le langage de ce temps-là.

Tahureau me fait songer à ces arbres qui périssent pour s'être parés d'une trop grande foison de fleurs, et laissent le regret des fruits qu'ils auraient pu donner. Sa poésie est douce, gracieuse, facile et brillante. On dirait qu'il a prodigué son âme dans cette floraison, comme s'il avait pressenti que le hâle brûlant de juin devait dessécher toutes les promesses de son avril.

C'est pour sa Muse éphémère que Jean de la Taille, son contemporain, aurait dû réserver cette strophe ravissante, consacrée à une pauvre fille dont la jeunesse se fane sans amours :

Elle est comme la rose franche
Qu'un jeune pasteur, par oubli,
Laisse flétrir dessus la branche,
Sans se parer d'elle au dimanche,
Sans jouir du bouton cueilli.

Jacques Tahureau, écuyer, sieur de la Chevallerie, fils puîné de Jacques Tahureau, lieutenant-général du Maine, naquit au Mans, en 1527. Il avait pour trisaïeule Anne du Guesclin, sœur du Connétable, laquelle avait épousé un Tahureau. Gentilshommes originaires de Bretagne, les Tahureau portaient d'argent, à trois hures de sanglier de sable, posées deux et une. — La mère du poëte, Marie Tiercelin, était de cette famille des Tiercelin de la Roche du Maine, en Poitou, illustre dans les armes et alliée aux plus nobles maisons tourangelles et poitevines.

Aujourd'hui la naissance a perdu beaucoup de ses priviléges ; mais à une époque où Bernard de Palissy adoptait cette décourageante devise : *Povreté empesche les bons espritz de parvenir !* pour avoir le droit d'écrire, il fallait être riche et gentilhomme.

Jacques fut envoyé, par ses parents, à l'Université d'Angers. Après de solides études, comme on en faisait alors, il suivit en Italie, où l'on guerroyait de plus belle, son frère aîné Pierre, qui avait embrassé la carrière des armes. Vraisemblablement ils servirent l'un et l'autre sous les ordres de leur oncle, le vaillant capitaine Tiercelin, seigneur de la Roche du Maine. Malgré sa prestance guerrière et son aptitude à tous les exercices du corps, Jacques se lassa bientôt de porter la cuirasse et l'épée. Son expédition militaire devint un voyage d'artiste, où les souvenirs de l'antiquité réveillèrent à la fois ses goûts littéraires et ses instincts poétiques. Les chefs-d'œuvre du siècle de Léon X étaient dans tout leur éclat ; les Médicis, au comble de la fortune et de la gloire, venaient de donner une dauphine à la France. Il s'italianisa comme la cour de François Ier ; il apprit à parler cette douce langue, où résonne le *si*, qui se mêlait alors à la nôtre, pour en adoucir la vieille âpreté.

A Rome, il trouva une véritable colonie de Français, et qui plus est, de poëtes. Joachim du Bellay, neveu et secrétaire du cardinal du Bellay, allié à la famille maternelle de Tahureau, y écrivait ses *Regrets* et ses *Antiquités de Rome;* Olivier de Magny y rêvait à sa Castianire absente. — La vocation du poëte était désormais décidée. Aussi, de retour en France, sous les auspices de sa tante, Catherine Tiercelin, qui avait épousé le frère aîné de Pierre de Ronsard, il alla se présenter à cet illustre parent, qui l'accueillit comme un fils en Apollon et le nomma dans ses vers.

On trouve à chaque page, dans les poésies de Tahureau, la trace de sa liaison non-seulement avec Ronsard, mais avec Jodelle, La Péruse, Denizot, le peintre de portraits et rimeur de noëls, Pierre Paschal, l'orateur latiniste, et même avec le vieux Meslin de Saint-Gelays, qui, ne pouvant plus soutenir l'ancienne école, avait pactisé avec la nouvelle. Son union était surtout intime avec Jean-Anthoine de Baïf, qui, de Paris, venait le voir dans son manoir de Chesnay en Courcemont au Maine, d'où ils se rendaient à Tours et à Poitiers. — A Poitiers, c'était le goût des lettres qui les attirait. Dans cette ville universitaire, peuplée de jeunes gens instruits, se formait autour d'eux un petit cénacle littéraire, dont faisaient partie les Sainte-Marthe, Charles Toutain, Raphaël Grimoult, Vauquelin de Lafresnaye, Guillaume Bouchet, etc. On y voyait aussi les de Marnef, ces imprimeurs lettrés qui avaient pour associés les Bouchet, et dont les presses ne dédaignaient pas la poésie. — Mais, à Tours, ils étaient enchaînés par le cœur. Tours, où Ronsard s'est aussi laissé prendre, Tours est la cité des jolies filles. Je ne sais trop si les Tourangelles d'aujourd'hui sont aussi amoureuses que leurs aïeules, mais elles n'ont pas déchu de leur beauté. Guy, de Tours, un poëte du temps, a écrit un poëme : *le Paradis d'Amour*, où il nomme et dépeint toutes les beautés, ses contemporaines. En conférant quelques vers de cette œuvre avec d'autres vers de La Peruse et de Baïf, j'ai découvert que Baïf et Tahureau s'étaient épris de deux sœurs tourangelles, les demoiselles de Gennes, et cette circonstance explique leur persévérante intimité [1].

Tahureau fait remonter la passion qu'il éprouve pour son *Admirée* (c'est ainsi qu'il nomme sa bien-aimée) jusqu'à la plus tendre jeunesse. Les poëtes se vantaient alors d'un attachement précoce, et, à l'exemple de Pétrarque, d'une longue fidélité.

> *L'an quatorziesme à peine commençoit*
> *A me pousser hors de l'enfance tendre,*
> *Quand mon œillade esclave me fist rendre*
> *De ce bel œil qui le mien caressoit.*

Cette passion aurait débuté au carnaval de l'année 1541, et dans un bal où le sort l'avait désigné pour être, tout un jour, le cavalier de la belle de Gennes.

> *Ce fust le jour qu'à ce Dieu deux fois né*
> *Maint vineux vœu s'espand en mainte tasse,*
> *Et que le bal en voltes s'entrelace,*
> *De son troupeau lascif environné.*

---

1. Voyez ci-dessus, page 9 à 11.

> *Ce fust le jour aux festins ordonné,*
> *Ce grand Mardy, qu'une angélique face*
> *M'oultreperça des rayons de sa grâce,*
> *Et qu'à ses yeux en proye fus donné.*
>
> *Bien me souvient qu'au jeu de momerie,*
> *Ce mesme jour, m'adressant à m'Amie,*
> *Le dé me fist de son gage vainqueur ;*
>
> *Mais je ne sçay à quel jeu ce peust estre*
> *Que, par son œil, à gaigner tant adestre,*
> *El' demeura maistresse de mon cœur.*

Il aurait ainsi promené pendant dix ans ces juvéniles amours, à travers la France, à la guerre en Piémont, à Rome, partout enfin. Il ferait bon les suivre dans leur effervescence de plus en plus brûlante; car ils ont donné lieu à des vers charmants, à de véritables élans de passion et de poésie. Il ferait bon de s'écrier avec le jeune amoureux :

> *Allons voir les bois ramés :*
> *Allons cueillir les fleurettes ;*
> *Allons, sur les herbelettes,*
> *En quelque ombrageux destour,*
> *Deviser de nostre amour !*
> *Allons, ma belle maistresse,*
> *Faire à ce printemps caresse !...*

Mais pensons qu'il n'est pas seul et que sur ses pas nous serions exposés à rencontrer :

> *Une caverne béante*
> *Dans un rocher entr'ouvert,*
> *Tout peinct au dedans de vert.*
> *Là mille sentes secrètes*
> *Séparent mille chambrettes,*
> *Si bien closes à l'entour,*
> *Qu'en faveur de nostre amour*
> *On jugeroit la nature*
> *Avoir faict ceste closture...*

Dieux immortels ! que se passait-il sous le règne de Henri II et de... Diane de Poitiers, dans cette grotte, si pareille à celle du IVe livre de l'Énéide ?

> *Speluncam Dido dux et Trojanus eamdem*
> *Deveniunt !.....*

Laissons à ceux que charment les baisers de Catulle et de Jean Second le plaisir de chercher et de lire dans le livre même les mignardises amoureuses et les baisers de Tahureau. Les vers en petit nombre que nous venons de citer suffisent pour donner un avant-goût de cette poésie fluide et gracieuse.

Le lecteur de ces tableaux amoureux se posera sans doute une question : Ces peintures sont-elles du domaine de la fiction ou de la réalité ? Le poëte, après s'être complu dans ces images voluptueuses, se prend tout à coup à chanter la palinodie :

> *Je me suis fait, en vers, heureux,*
> *Fattant le souci langoureux*
> *De ma triste destresse;*
> *Mais ce malheur tant malheureux*
> *Pour cela ne me laisse.*
> *Souvent j'ay menty les esbats;*
> *Mais telle jouyssance, hélas !*
> *M'est encore incogneue !*

Ces excuses sont-elles sincères ou ne sont-elles qu'un voile jeté sur des réalités trop vivement dépeintes ? Pour l'honneur de l'Admirée, je veux croire à la sincérité de cette amende honorable, bien que les élégies du poëte soient terriblement ardentes, pour n'être qu'une simple entéléchie. Ce qu'il y a de certain, c'est que l'Admirée conserva une cruelle rancune. Le charme fut rompu, le lien brisé; la muse des premières amours resta pour toujours muette. Les autres vers de Tahureau, quoiqu'ils ne respirent plus la même passion, n'en ont pas moins leur attrait élégant et harmonieux : Pourquoi, disait-il quelque part, l'Envie me blâme-t-elle ?

> *En m'accusant que je ne suis la trace,*
> *Estant dispost, de mes nobles ayeux,*
> *Qui ont conquis, par la poudreuse place,*
> *Et par le sang maint loyer vertueux ?*
>
> *Ou bien pourquoi me reprend-elle d'estre*
> *Si peu soigneux d'estudier la loy,*
> *Pour l'aller vendre au Palais, qui fait naistre*
> *Un bruit confus et mercenaire abboy ?*
>
> *Telle entreprise en vain tant estimée*
> *Ne fuit de mort les accidents divers ;*
> *Mais j'auray bien une autre renommée,*
> *Dont je vivray sans fin en l'univers.*
>
> *Pindare vit, et du divin Horace*
> *Encore n'est aboly le renom ;*
> *Et ne mourra jamais la haute grace*
> *Du Mantouan célèbre par son nom...*
>
> *Que tous les Roys et leur gloire estoffée*
> *Cèdent adonc aux hommes bien disans,*
> *Dont les escrits leur haussent un trophée,*
> *Pour se venger du long oubli des ans....*
>
> *Quant est de moy, rien plus je ne souhaite*
> *Que d'Apollon me voir favoriser,*

Et, pour me voir son excellent poëte,
Pouvoir de l'eau de l'Hélicon puiser.

A celle fin qu'une belle couronne
Ceigne mon front de lauriers couronné,
Et que l'honneur qu'aux beaux écrits on donne
Soit quelquefois à mon livre donné.

Ces citations, recueillies plutôt pour l'utilité du récit que pour offrir au lecteur ce qu'il y a de plus remarquable dans l'œuvre du poëte, suffisent à motiver le succès obtenu par le livre, que Tahureau fit paraître, à Poitiers, en 1554.

Encouragé par ce début, il partit pour Paris, où il offrit à Henri II un discours sur la grandeur de son règne, suivi de quelques poésies dédiées à Marguerite de France, sœur du roi, la protectrice intelligente et dévouée de Ronsard et de tous les poëtes de son école.

Ce fut le dernier ouvrage qu'il fit imprimer. Il avait en portefeuille deux dialogues satiriques en prose, où il critique en assez bons termes les vices et les mœurs de son temps. Il les remit entre les mains d'Ambroise de Laporte, un imprimeur lettré comme on en compte encore quelques-uns aujourd'hui. Mais Ambroise étant mort, ils ne furent publiés que longtemps après par Maurice de Laporte. Ils eurent grand succès; car on les réimprima seize fois en douze ans.[1]

Charles Toutain et Vauquelin de Lafresnaie parlent d'une traduction en vers de l'Ecclésiaste et de Bergeries que Tahureau aurait composées. Lepaige, en 1777, dans son *Dictionnaire historique du Maine,* affirme que ces ouvrages étaient encore conservés, de son temps, dans les archives de la famille. Il est probable que les titres et manuscrits des Tahureau, dont la descendance semble éteinte, ont disparu pendant la tourmente révolutionnaire. Mais la première cause de l'oubli où restèrent ces ouvrages fut la mort prématurée du poëte. Agé de vingt-huit ans à peine, il revenait parmi les siens jouir de ses premiers succès, et, pour comble de joie, une épouse aimée s'asseyait à son foyer. — Les fêtes du mariage venaient de s'accomplir et, fixé dans son domaine, il s'abandonnait tout entier aux ivresses de son nouvel amour, lorsqu'en peu de temps il s'épuisa, languit et mourut.

On croirait qu'il avait souhaité cette fin, en lisant ces vers qu'il écrivait : *De l'heur que reçoivent*

---

[1]. Ils ont été remis au jour par M. F. Conscience (E. Courbet). Paris, Lemerre, 1870, in-12 elzevirien.

ceux qui meurent entre les bras de leur Dame :

> Heureux cent fois, vous, dont la vie
> Ne doit jamais estre ravie,
> Sans avoir, pour dernier secours,
> Un embrasser de vos amours !
>
> O mort ! des morts delicieuse !
> O mort ! mais plus tost vie heureuse !
> Hélas ! que l'on me trouve ainsy
> Au sein de ma Dame transy !...

Mes recherches ne m'ont point appris le nom de cette jeune femme, dont l'amour fut si fatal au poëte.

Ce dernier épisode de sa vie dut avoir pour théâtre son domaine de Chesnaye-en-Courcemont, apporté en dot à son aïeul par Isabeau de Courthardy, et dont il donne une description à la fin de son premier dialogue.

« Tu peux voir, dit-il, au-dessus de ce petit lieu montueux, une maison quarrée faite en terrasse, appuyée de deux tourelles d'un costé, et, de ce costé mesme, une belle vue de prairie au bas, coupée et entrelassée de petits ruisseaux. De l'autre costé, voy ceste touffe de bois fort haute et ombrageuse, dont l'un des bouts prend fin à ces rochers bocageux, et l'autre au commencement de ceste grande plaine, qui est un peu au-dessous de ceste maison que je t'ai montrée. La vois-tu bien, entre ces deux chesnes ? — « Je la voy fort bien. » — « Or, tu vois une maison qui est mienne. »

On croirait lire l'ébauche des vers de Lamartine :

> *Il est sur la colline*
> *Une blanche maison;*
> *Un rocher la domine...*

Qu'en dites-vous, cher poëte ? le lieu n'était-il pas charmant ? n'était-il pas choisi comme à souhait, pour s'y cacher à deux et pour y mourir d'amour ?

LOUISE LABÉ

1525 — 1566

Le cœur des femmes n'est fait que d'aimer.
Mᵐᵉ DE STAEL

LA notice de Guillaume Colletet sur Louise Labé n'est pas une des plus intéressantes qu'il ait écrites ; c'est moins une biographie qu'une critique assez sommaire de l'œuvre et des mœurs de la Belle Cordière. Sur ce dernier point, il est difficile de comprendre l'amertume, pour ne pas dire plus, d'un écrivain souvent trop indulgent qui, ayant étudié la poëtesse lyonnaise une soixantaine d'années après sa mort, se trouvait au point de vue favorable pour bien connaître la vérité et ne pas subir l'influence des rancunes tenaces qui ont faussé son jugement.

Quoi qu'il en soit, voici sa notice :

LOUISE LABÉ

« De toutes les femmes que l'on a comparées à la célèbre Sapho, il n'y en a point qui le puisse être avec plus de justice que Louise Labé, et qui ait soutenu plus dignement ce parallèle, tant par la délicatesse de son esprit que par l'irrégularité de sa conduite. Elle naquit à Lyon vers le milieu du XVIᵉ siècle [1], dans une famille très-obscure, si l'on en juge par la profession de son mari, qui exerçoit le métier de cordier, et c'est de cette alliance qu'elle prit le surnom de Belle Cordière. C'étoit une espèce de prodige que l'esprit de cette femme, car, outre le

---

1. L'auteur de poésies imprimées en 1555 ne pouvait être né vers le milieu du XVIᵉ siècle.

Colletet donne ici un témoignage d'ignorance et de légèreté qui rend à bon droit suspectes toutes ses autres appréciations.

talent extraordinaire qu'elle avoit pour la poésie, elle possédoit parfaitement les langues latine, espagnole, italienne, et savoit heureusement mettre en œuvre les plus beaux traits des poëtes qu'elle avait lus. La musique n'avoit rien d'inconnu pour elle. Elle avoit la voix belle, chantoit bien et touchoit en perfection les instruments les plus difficiles. Elle manioit même un cheval avec autant d'adresse que l'écuyer le plus habile. Enfin, elle savoit tout, et mesme beaucoup plus qu'elle n'eust deu savoir. Ces belles qualités, jointes à quelques appas et à beaucoup d'agrément et de vivacité, attiroient chez elle ce qu'il y avoit de gens les plus distingués à Lyon, et la foule étoit d'autant plus grande qu'on étoit sûr de n'y pas languir longtemps. C'étoit assez d'avoir de l'esprit et de l'érudition pour se faire écouter et pour se voir même préférer aux plus grands seigneurs et aux plus riches financiers ; avantages très-rares pour les savans amoureux, et plus encore dans ce siècle que dans celui de Louise Labé. Jusques icy l'on pourroit croire qu'elle se bornoit aux tendresses d'un commerce innocent. Point du tout : sa complexion trop amoureuse s'opposoit à ces réserves, et ses plaisirs étoient toujours portés jusques à l'emportement. En un mot, c'étoit une franche courtisanne[1], mais courtisanne commode pour les gens d'esprit. Tel est le portrait que les historiens nous ont fait de Louise Labé, portrait ressemblant, si l'on s'en rapporte à ses ouvrages ; mais trop hardi pour plaire à gens sages ou délicats. L'idée qu'elle nous a laissée de son esprit, dans les productions qui nous restent d'elle, mérite infiniment plus d'attention. Il paroît également fin, juste, aisé, brillant, et d'un caractère à faire honte au pédantisme que Ronsard et ses semblables introduisirent depuis elle dans notre poésie[2]. Tout ce qu'elle tire de son propre fond est d'une tendresse et d'un naturel à faire plaisir. Tout ce qu'elle emprunte d'ailleurs reçoit de nouvelles grâces du tour heureux qu'elle lui donne ; mais surtout de l'amour, et de cet amour qui ne respire que feu, que langueur et que jouissance. Si

---

1. Nous verrons quel compte on doit tenir et de cette imputation et des historiens dont Colletet s'autorise.
2. Quel dénigrement, quand on pense à la vie élogieuse qu'il a laissée de Ronsard !

l'éloge est flatteur ou sincère, on en peut juger par le sonnet qui suit :

*Baise moy donc, baise moy et rebaise,
Donne m'en un de tes plus savoureux*, etc. [1].

« Les vers de ce sonnet sont une image assez fidèle des mouvements auxquels Louise Labé se laissoit emporter. C'étoit sa manière de se peindre elle-même dans tous ses ouvrages, où le cœur semble toujours avoir beaucoup plus

---

1. C'est le XVIIIe sonnet de Louise. On remarquera que, selon sa coutume, Colletet en altère le texte. Ce premier vers est complétement dénaturé, le reste est à peu près conforme à l'original :

*Baise m'encor, rebaise moy et baise;
Donne m'en un de tes plus savoureus.
Donne m'en un de tes plus amoureus :
Je t'en rendray quatre plus chaus que braize.*

*Las ! te pleins-tu ? Çà, que ce mal j'apaise,
En t'en donnant dix autres doucereus.
Ainsi meslans nos baisers tant heureus,
Jouissons nous l'un de l'autre à notre aise.*

*Lors double vie à chacun en suivra;
Chacun en soy et son ami vivra.
Permets m'Amour penser quelque folie :*

*Tousjours suis mal, vivant discrettement,
Et ne me puis donner contentement
Si hors de moy ne fay quelque saillie.*

de part que l'esprit. Quant à son style, il pourroit passer pour pur, par rapport au mauvais goût de son siècle, dont elle semble avoir dompté la rudesse par la facilité de son génie. Je ne m'amuse point à relever ses imitations ; elles se feront assez sentir aux connoisseurs, qui ne manqueront pas de distinguer l'adresse avec laquelle elle sait se rendre propre tout ce qu'elle tire des anciens. Excellente manière d'imiter, bien éloignée de la dépendance de la pluspart de nos autheurs, qui s'imaginent qu'imiter c'est traduire grossièrement [1].

> *O si j'étois en ce beau sein ravie,*
> *De celui-là pour qui je vay mourant,*
> *Si avec luy vivre le demourant*
> *De mes courts jours ne m'empeschoit envie !*
>
> *Si, m'embrassant, il me disoit : m'amie,*
> *Contentons-nous l'un l'autre, s'asseurant*
> *Que ni tempeste, Euripe, ni courant*
> *Ne nous pourra disjoindre en notre vie.*
>
> *Si de mes bras, le tenant embrassé,*
> *Comme du lierre est un arbre enlassé,*
> *La mort venoit de mon aise envieuse,*

---

[1]. Appréciation parfaite exprimée en fort bons termes.

Lorsque plus fort il me rebaiseroit,
Et mon esprit sur mes lèvres fuiroit;
Qu'en cest estat, je mourrois bien heureuse [1].

« Ces vers ne passeront pas auprès de ceux qui voudront les examiner sur un pied de morale et de religion. Pour en juger plus favorablement, on pourroit ne les regarder que comme des licences poétiques; mais il est sûr que Louise Labé en prenoit encore plus en conduite

---

[1]. Il est curieux de comparer ce sonnet avec le XIII° de Louise Labé, et de constater combien il est défiguré :

Oh! si j'estois en ce beau sein ravie
De celui là pour lequel vais mourant,
Si avec lui vivre le demeurant
De mes cours jours ne m'empeschoit envie;

Si, m'acollant, me disoit : « Chere Amie,
Contentons nous l'un l'autre, s'asseurant
Que ja tempeste, Euripe, ne courant,
Ne nous pourra desjoindre en notre vie; »

Si, de mes bras le tenant acollé,
Comme du lierre est l'arbre encercelé,
La mort venoit, de mon aise envieuse;

Lors que souëf plus il me baiseroit,
Et mon esprit sur ses levres fuiroit,
Bien je mourrois, plus que vivante, heureuse.

qu'en poésie. Ses élégies et ses autres pièces de vers[1] ne sont pas moins tendres que ses sonnets. On les peut lire dans la seconde partie de ses *Œuvres*, qu'elle fit imprimer in-octavo, à Lion, en 1555 et 1556. La première partie contient un discours en prose, intitulé *Débat de Folie et d'Amour*, ouvrage également recommandable par la nouveauté de l'invention, par la délicatesse des pensées et par la netteté du style. On ne sait en quelle année mourut Louise Labé. Les beaux esprits du temps n'ont pas manqué de consacrer sa mémoire par un grand nombre d'éloges en grec, en latin, en françois et en italien, dont on voit un recueil à la fin de ses œuvres.

« Jacques Peletier (du Mans) et Olivier de Magny, qui étoient amoureux d'elle, se sont distingués entre les autres. La Croix du Maine[2]

---

1. Lesquelles ? Colletet aurait-il eu connaissance de poésies aujourd'hui perdues ? Je ne le crois pas ; mais c'est qu'il parle aussi étourdiment des œuvres de Louise que de leur auteur.

2. La Croix du Maine ne fait guère que nommer Louise, qu'il qualifie de femme très docte, composant fort bien en prose et en vers, et dont il cite l'anagramme : *Belle à soy*.

et Antoine du Verdier font mention de Louise Labé dans leurs bibliothèques.

« GUILLAUME COLLETET. »

(Bibliothèque nationale. Manuscrits. *Nouvelles acquisitions françaises* 3073, fol. 257-258).

Nous nous sommes contenté d'annoter en passant quelques-unes des assertions du vieux biographe. Nous allons, à notre tour, étudier avec plus de soin cette figure poétique si intéressante, et démontrer qu'on ne saurait voir chez Louise Labé ni la femme folle de son corps représentée par Colletet et ensuite par Bayle et La Monnoye, d'après François de Billon, Rubys, Calvin et du Verdier[1], ni la vertu chaste

---

1. Consultez F. de Billon (*le Fort inexpugnable de l'honneur du sexe féminin*. Paris, J. D'Allyer, 1555, in-4, ff. 14 et 15). Il n'est pas d'ailleurs aussi explicite qu'il le paraît au premier abord, car il met les propos qu'il tient contre Louise dans la bouche de badauds, qu'il traite ensuite d'ivrognes et presque de calomniateurs. — Voyez aussi Bayle, en son *Dictionnaire*; La Monnoye, dans ses *Notes* sur Du Verdier; Rubys, dans les *Priviléges, Franchises et Immunités de la ville de Lyon* (1574, in-fol.), et dans son *Histoire véritable de la ville de Lyon* (1604, in-fol.); Calvin, dans le recueil de ses *Opuscules* (Genève, 1566, in-fol.); Paradin, *Mémoires de l'Histoire de Lyon* (1573, in-fol.). Si les assertions de ces écrivains eussent été fondées, Louise aurait-elle osé écrire, dans le *Débat de Folie et d'Amour* : « On n'ust non plus parlé d'elle (de Didon) que de mile autres hotesses, qui font plaisir au passans. »

et pure exaltée outre mesure par Claude Paradin. Ce n'était pas une Marion de Lorme, dont les faveurs vénales appartenaient à qui voulait y mettre le prix. Ce n'était pas même, quoi qu'on en ait dit, une Ninon du seizième siècle; car, si une fois ou deux peut-être elle se laissa subjuguer par l'amour, du moins elle ne se vendit jamais.

Elle serait mieux comparable à une autre Lyonnaise dont l'esprit et les charmes irrésistibles brillèrent, au commencement de ce siècle, du plus vif éclat. De même que la Belle Cordière, mariée à un époux bien plus âgé qu'elle, s'entourant d'artistes, de littérateurs, de savants, de grands personnages; elle n'accorda jamais un regard de ses beaux yeux, un battement de son cœur qu'à ceux qui possédaient en même temps les grâces de la personne et les séductions du talent. A quoi bon taire son nom? Chacun a reconnu l'amie de Châteaubriant, de Ballanche, de Benjamin Constant, du prince Auguste de Prusse : la belle Juliette Récamier.

D'après un calcul fondé sur quatre vers de la IIIe élégie de Louise Labé, on a placé sa naissance vers 1525. Elle serait même d'un an plus jeune si, comme elle le dit, elle n'avait que seize ans lorsqu'on la vit

> *... en armes fière aller,*
> *Porter la lance et bois faire voler,*

c'est-à-dire paraître en Marphise et en Bradamante au siége de Perpignan, qui eut lieu en 1542. Mais il est assez supposable que les dames du bon vieux temps, comme celles d'aujourd'hui, n'étaient pas fâchées de dissimuler leur âge autant qu'il leur était possible.

Elle était fille de Pierre Charlin, Charly ou Charlieu, dit Labé, et vraisemblablement de sa seconde femme, car il fut marié trois fois[1]. On

---

1. Pierre Charly mourut en 1552, laissant trois fils : Barthélemy, François et Mathieu, et au moins une fille, qui est Louise. Il était alors marié, *en tierces noces*, avec Anthoinette Taillard. Il avait épousé en secondes noces Estiennette Roybet, *alias* Deschamps, *alias* Compagnon, qui mourut avant 1524, de laquelle il avait eu François et Mathieu. Il était marié, dès 1493, avec la veuve de son voisin, Jacques Humbert, dit Labé, cordier comme lui, rue de l'Arbre-Sec. Le surnom de Labé serait donc venu de cette première femme, à Pierre Charly et à ses enfants.

M. Claudius Brouchoud, avocat à Lyon, de qui je tiens ces informations, est porté à croire que Louise serait issue du premier mariage de son père, et par conséquent beaucoup plus âgée que je ne le pense. Mon ami Charles Livet, qui a bien voulu relire cette notice, est aussi du même croit qu'il exerçait la profession de cordier; mais, ce qui est positif, c'est qu'il sut faire fortune et qu'il était propriétaire de deux maisons à Lyon. Ces faits ont été consignés par Pernetti, dans ses *Recherches pour servir à l'histoire de Lyon*[1], d'après des pièces qui existaient alors aux archives de l'Archevêché.

Louise naquit admirablement douée par la nature, et l'éducation qu'elle reçut développa ces germes précieux. Tous ses biographes s'accordent sur ce point qu'elle était savante, parlait plusieurs langues, excellait dans les ouvrages de femme, jouait admirablement du luth et chantait à ravir. — Dans quel but joignit-on

---

avis, s'appuyant en outre sur ce fait que, dans les membres de sa famille, un seul figure parmi les héritiers testamentaires de Louise : c'est François Charly, dans la personne de ses enfants. Or, François était fils de la première femme. Pourquoi Louise l'aurait-elle préféré à ses frères utérins ?

Toutes ces raisons ne manquent pas de solidité; cependant l'indication qui résulte de sa IIIe Élégie, combinée avec la date du siége de Perpignan, est trop précise pour qu'on puisse reporter la naissance de Louise de beaucoup au-delà de 1525. Elle aurait donc pour mère Estiennette Roybet, morte peu après l'avoir mise au monde, et serait née en 1523 ou 1524. — Si elle était née postérieurement à 1525, elle aurait eu pour mère Antoinette, fille du M^e boucher Jehan Taillard.

1. Lyon, 1757, 2 vol. in-12.

à ces talents les exercices de l'équitation et des armes ? Pourquoi l'envoya-t-on figurer, en 1542, au siége de Perpignan, sous les yeux du dauphin, revêtue d'une armure, montant un cheval fougueux, et portant le nom de *Capitaine Loys?* On a dit, pour justifier sa présence au camp, que son père ou ses frères y remplissaient quelque fonction[1]. Ne serait-on pas plutôt en droit de supposer que Louise, ayant été remarquée pour sa beauté par Henri, lors de son passage à Lyon, les siens auraient voulu, dans un but facile à comprendre, attirer sur elle autre chose que les regards du jeune et galant prince ? Cette équipée semi-guerrière, semi-amoureuse, à la suite d'une éducation en dehors des habitudes bourgeoises d'alors, expliquerait le genre de vie où se trouva désormais engagée l'héroïne de Perpignan. C'est à cette époque qu'elle place elle-même son premier amour; et cette passion, vite effacée, pourrait bien n'avoir eu d'autre objet que le beau et

---

1. Voyez Sainte-Beuve, dont l'*Étude sur Louise Labé* est assez singulièrement classée parmi les portraits contemporains (Paris, M. Lévy, 1871, in-18), au commencement du t. V.

brillant dauphin, qui fut, depuis, le roi Henri II. Cependant, le siége de Perpignan se termina par un échec, et la retraite de l'armée, en éloignant le jeune prince, réduisit à néant les plans d'ambition, s'ils avaient réellement existé.

Cette jeune imagination, trop émue, trop surexcitée, ne pouvait être calmée que par le mariage [1]; et l'on choisit naturellement un époux sage et prudent, un riche bourgeois de Lyon, d'une vingtaine d'années plus âgé que Louise. Ennemond Perrin [2], c'était son nom, fabricant de câbles ou marchand cordier, demeurait dans une propriété à lui appartenant; elle formait l'angle sud-est de la rue Notre-Dame-de-Confort et d'une petite ruelle conduisant vers Bellecour, près du point où se trouvait alors le confluent de la Saône et du Rhône. Les deux époux possédaient encore, entre autres immeu-

---

1. On ignore au juste l'époque où Louise se maria, mais elle était mariée avant 1551, puisqu'à cette époque elle comparaissait, avec son mari, pardevant Me Étienne Noyer, notaire, relativement à une acquisition de terrain antérieurement faite en communauté.
(*Note de* M. Brouchoud.)

2. Serait-il de la famille des habiles imprimeurs lyonnais, qui nous donnent aujourd'hui des éditions dignes de leurs prédécesseurs du XVIe siècle ?

bles, un domaine à Parcieu, dans la Dombe, où Louise aimait à passer la belle saison, et où elle vécut retirée pendant les dernières années de sa vie.

Déjà commençait à se grouper autour d'elle cette cour de poëtes, d'artistes, de savants même, qui composèrent et enrichirent tour à tour, pendant plusieurs années, le bouquet poétique imprimé plus tard avec ses œuvres. Elle avait formé chez elle une bibliothèque ou, comme on disait alors, une *librairie* de beaux et remarquables volumes[1]. Ce fut là que les personnes les plus lettrées de la ville prirent insensiblement l'habitude de se réunir, pour y échanger leurs idées et se retremper dans des conférences où la musique alternait avec la littérature, assemblées dont la maîtresse du logis était l'âme et la reine adulée.

---

[1]. Une circonstance fâcheuse nous prive de renseignements sur son installation, et sur les livres qui formaient sa bibliothèque. Par son testament, elle avait dispensé Tomazzo Fortini, le légataire de ses meubles, de faire inventaire. Fortini étant retourné, en 1570, à Florence, sa patrie, peut-être y retrouverait-on encore quelques livres ou objets précieux ayant appartenu à Louise Labé?

(*Note de* M. BROUCHOUD.)

Le ciel clément de la France méridionale permettait le plus souvent que ces agapes eussent lieu en plein air, dans un parterre à compartiments de buis et de fleurs, embelli de pelouses arrosées par une fontaine vive, entouré de treillis et de charmilles bien taillées, qui en faisaient un lieu de délices. C'était le jardin d'Académus transplanté d'Athènes à Lyon. J'ajouterai un détail que nous a conservé un poëte contemporain : le dessin des plates-bandes y formait le chiffre et la devise de Henri II, ce qui peut confirmer jusqu'à un certain point nos conjectures sur le rôle de Louise au siége de Perpignan[1].

Vers le milieu du seizième siècle, une pléiade de dames remarquables brillait dans la ville de Lyon. C'était Jeanne Gaillard, chantée par Marot ; Pernette du Guillet, Jacqueline Stuart, fameuse par son esprit et sa beauté ; Claudine, Sybille et Jeanne Sève, trois parentes du poëte, poëtesses elles-mêmes et d'une érudition peu commune ; la belle Jeanne Creste, dont les vers ont été l'objet des plus grands éloges ;

---

1. Voyez la 13ᵉ stance des *Louanges de Dame Louise Labé*, à la suite de ses œuvres poétiques.

c'était enfin cette intéressante Clémence de Bourges, « la perle des damoiselles lyonnaises, » dit Monfalcon dans la notice dont il a enrichi l'édition de 1853, « belle comme Louise, poëte comme elle, et dont le talent sur l'épinette était si renommé, que Henri II et Catherine de Médicis voulurent le connaître. »

La plupart de ces femmes distinguées, sinon toutes, parurent aux fêtes où la Belle Cordière les attirait par l'éclat et le charme du plaisir. Clémence de Bourges y fut assurément une des plus assidues et des mieux aimées de Louise, puisque celle-ci lui a dédié ses vers.

L'abbé Irailh, dans ses *Querelles littéraires*[1], a raconté que les deux amies se brouillèrent pour un amant que Louise aurait enlevé à Clémence; mais cette historiette n'a pas la moindre vraisemblance, car mademoiselle de Bourges était fiancée au jeune du Peyrat, qui fut tué, le 30 septembre 1562, devant la ville de Beaurepaire, défendue par le baron des Adrets, au début des guerres de religion : et la jeune Clé-

---

1. Paris, 1761, 4 vol. in-12.

mence, ne voulant pas être consolée, mourut de sa douleur[1].

Il est certain que la famille de Bourges, une des plus honorables de Lyon, eût repoussé toute intimité entre Clémence et Louise si celle-ci n'eût été au-dessus de la médisance.

Le logis du maître cordier était également le rendez-vous des poëtes lyonnais : Maurice Sève, Charles Fontaine, Loys Meigret, Du Moulin, Claude de Taillemont, Pontus de Tyard, qui s'y rencontraient avec les célèbres imprimeurs de la ville, hommes experts dans leur art et de grand savoir : Pierre de Tours, un voisin, logé vis-à-vis Notre-Dame-de-Confort ; Jean de Tournes, qui imprima les vers de Louise ; Pierre Woeïriot, l'artiste lorrain qui grava son portrait, et plusieurs autres. On y voyait les auteurs venus pour confier leurs productions aux célèbres presses lyonnaises ou de passage à Lyon : Clément Marot, son ami Sainct-Gelays, Bonaventure Des Periers, Jacques Peletier (du Mans), François Rabelais, Guillaume Aubert

---

1. Consultez, sur Clémence de Bourges et sa famille, la notice en tête des œuvres de Louise Labé (Lyon, 1824, in-8.)

(de Poitiers), l'un des éditeurs des *Marguerites de la Marguerite des Princesses;* enfin, des étrangers dont Louise parlait la langue, tels que le Florentin Gabriel Symeoni, Alfonso del Bene, qui plus tard chanta Ronsard ; Luigi Alamanni qui demanda la main de Louise avant que Perrin l'eût obtenue, et dont un fils ou un parent figura plus tard parmi les témoins du testament de la poëtesse. Pour les énumérer tous, il faudrait nommer cette foule de personnages notables qui fréquentaient la grande cité, littéraire alors autant que commerciale, immense entrepôt, attrayante station entre le nord et le midi de l'Europe.

A l'époque où Louise allait joindre à sa réputation d'esprit et de beauté les gloires poétiques, elle avait environ trente ans. On peut se figurer une femme d'une taille avantageuse, dans tout l'épanouissement d'une beauté quelque peu virile, aux yeux vifs, au teint blanc et rosé, cheveux blonds, sourcils noirs, lèvres vermeilles légèrement sensuelles, sourire adorable et fin : on aura d'elle une idée que rend plus vivante encore le portrait authentique gravé en 1555 par Pierre Voëiriot, l'orfèvre-ciseleur, portrait à peu près ignoré jusqu'ici, et dont on ne connaît qu'un seul exemplaire, déposé à la Bibliothèque nationale.

Sans être de ces beautés splendides dont l'éclat éclipse toutes les autres, elle était éminemment attrayante et irrésistible ; elle savait retenir, par les charmes de sa conversation spirituelle, de son âme passionnée, ceux qu'avaient d'abord captivés les grâces élégantes de sa personne.

Le vieux et bon Perrin, qui fut toujours pour elle plutôt un père adoptif qu'un époux, ne semble jamais avoir entravé son goût pour ces fêtes de l'intelligence et de l'art. S'il n'y prenait pas une part très active, absorbé qu'il était par les détails de son commerce, il se trouvait du moins flatté d'y voir briller une femme qu'il a toujours aimée, puisque, sans avoir eu d'enfants d'elle, il l'institua son héritière.

Il ne s'inquiéta nullement des brûlantes déclarations, des vers passionnés qui pleuvaient aux pieds de sa jeune femme, sachant fort bien ce que vaut cette monnaie poétique. Elle même, sans y attacher d'autre importance, les accueillit avec plaisir et s'en fit honneur, puisqu'elle crut devoir en donner connaissance au public et à la postérité[1]. Dans ces dithyrambes enflammés qui chantaient ses tendresses, ses baisers, ses plus séduisants appas, elle ne voyait et ne croyait pas qu'on pût voir autre chose que des *gayetez et folastreries* de poëtes exaltant avec une menteuse emphase ces faveurs légères, ces caresses sans conséquence qu'autorisaient parfaitement, à cette époque, des coutumes très libres en apparence, mais innocentes en réalité[2].

Sainte-Beuve a dit, en parlant des vers même de Louise :

« Les mœurs de chaque siècle sont si à part et si sujettes à des mesures différentes, qu'il serait, après tout, très possible que Louise, en sa qualité de bel esprit, se fût permis, jusque dans le sein du mariage, ces chants d'ardeur et

---

1. Ces sortes de vers n'étaient, en effet, que des jeux d'esprit. L'amour offrait un prétexte à poésie; l'imagination seule y avait part, au temps de Louise Labé, comme au siècle de Pétrarque, ou au temps de la comtesse de la Suze et de madame de Villedieu.
(*Note de* CHARLES LIVET.)

2. La Belle Cordière semble avoir prévu les accusations qu'on devait porter contre elle, à propos des parties de plaisir les plus innocentes : « Et quand on aura bien couru, on trouvera que ce n'est rien, et que c'estoit pour aller en compagnie se promener sur l'eau ou en quelque jardin. » *Débat de Folie et d'Amour.*)

de regrets, comme une licence poétique, qui n'aurait pas trop tiré à conséquence dans la pratique. » Puis il observe à ce propos que la sœur du Roi, la grande, la vertueuse Marguerite, écrivait alors l'*Heptaméron*, et que les plus honnêtes femmes le lisaient sans le moindre scrupule. Il ajoute, plus loin : « Les sonnets amoureux de Louise mirent en veine bien des beaux esprits, et ils commencèrent à lui parler en toutes langues de ses gracieusetés et de ses baisers, comme des gens qui avaient le droit d'exprimer un avis là-dessus. » — On sait pourtant ce que valent toutes ces métaphores, et l'un des plus folâtres poëtes du temps, Jacques Tahureau, après avoir dépeint les plus secrets appas et décrit les plus ardentes caresses de l'*Admirée*, que chacun savait être une demoiselle de Gennes, dont la vertu n'avait jamais été soupçonnée, fut contraint de chanter la palidonie, de désavouer toutes ses *Mignardises* et de confesser, pour l'honneur de sa dame, qu'il avait rêvé tout cela [1].

---

1. Voir, dans les *Poésies* de Tahureau, Paris, Jouaust, 1870, 2 vol. in-12), t. II, page 141, la pièce intitulée : *Chanson à l'Admirée*.

On voudrait avoir la certitude qu'il en était ainsi de la poëtesse lyonnaise ; on voudrait que le talent restât le privilége exclusif de la vertu. Mais, en définitive, ce qui nous importe avant tout aujourd'hui, c'est son génie poétique. Ayons pour ses faiblesses l'indulgence qu'elle demandait aux dames de son pays :

Ne reprenez, Dames, si j'ay aymé ! [1].

car c'est à l'amour que nous devons ces pages charmantes et légères ; c'est la passion qui les a fait éclore ; c'est par l'attrait de la passion qu'elles survivent encore à leur auteur.

Le *Débat de Folie et d'Amour* est, malgré quelques longueurs, un petit drame aussi bien conçu que bien conduit, un chef-d'œuvre de finesse naïve et de grâce malicieuse. Bien qu'un contemporain, Pierre de Sainct-Julien [2], en ait attribué la paternité à Maurice Sève, la maternité, pour le moins, en appartient à la Belle Cordière. C'est elle qui a inventé cette fable

---

[1]. Sonnet XXIV.
[2]. *Gemelles* ou *Pareilles*, recueillies de divers auteurs, etc., par Pierre de Saint-Julien, de la maison de Balleure. (Lyon, Ch. Pesnot, 1585, in-8, page 324.)

charmante de l'*Amour aveuglé par la Folie*, que Jupiter condamne à lui servir de guide. Il est possible que Maurice, familiarisé, en sa qualité d'avocat, avec la langue du droit, l'ait aidée pour le judicieux emploi qu'elle a fait des termes juridiques dans son dialogue ; mais il n'est pas admissible qu'il en ait même retouché le style, car ses écrits prétentieux, obscurs, alambiqués, n'offrent aucun des caractères qui distinguent cet aimable opuscule, où les idées sont nettes, où la phrase est claire, où, à part quelques traits affectés, qui trahiraient seuls une main plus pesante, mille détails respirent l'esprit le plus féminin qui soit au monde.

En ce qui concerne les poésies de Louise, ou du moins celles dont elle a cru devoir faire part au public, elle eut un collaborateur longtemps ignoré. La découverte de ce fait appartient à un poëte charmant, dont la perte sera toujours un regret pour mon cœur. Bibliophile délicat et fin, ses préférences se portaient sur les rimeurs du seizième siècle, et, chose rare, il lisait ses livres qui le récompensaient de sa peine par mille trouvailles aussi curieuses qu'inattendues.

Édouard Turquety, dans une étude sur Olivier de Magny[1], élucide avec un soin et une perspicacité remarquables sa tendre affection pour Louise, dont la profonde empreinte subsiste en maint endroit de ses poésies.

Comme Monfalcon, que nous avons déjà cité, Turquety pense que deux amours auraient dominé la vie de Louise, et que les Élégies, expression de cette ardeur première, seraient de plusieurs années antérieures aux Sonnets. Cependant, si l'on s'en rapporte à la longue pièce *Des Louanges de Dame L. L.*, que j'attribue au Poitevin Guillaume Aubert, la première flamme de Louise, flamme qu'il compare à celle de Penthésilée pour Hector (cet Hector ressemble singulièrement au dauphin Henri), n'aurait guère survécu au siége de Perpignan ; et il faut songer qu'alors elle avait à peine dépassé seize ans. On ne voit pas une différence assez marquée entre le style des Élégies et celui des Sonnets pour croire qu'un long intervalle se soit écoulé entre la composition des premières et celle des derniers. La véritable voca-

---

[1]. *Bulletin du Bibliophile,* publié par Techener : XIVᵉ série. (Paris, 1860, in 8, pages 1637 et suivantes.)

tion poétique de Louise ne paraît s'être révélée qu'à l'époque où elle a connu Olivier de Magny. Jusqu'alors, elle avait pu s'essayer dans quelques odes, ou plutôt quelques chansons, qu'elle modulait d'une voix harmonieuse, en s'accompagnant de son luth avec un véritable talent; c'est à peu près tout ce dont la félicitent les poëtes qui l'ont d'abord célébrée [1].

Mais, vers 1550, lorsque Jean d'Avanson, seigneur de Saint-Marcel, membre du Conseil privé, président du Grand Conseil, se rendit à Rome, chargé de défendre auprès du pape les intérêts de la France, il emmena comme secrétaire un jeune homme de vingt et quelques années, compatriote et protégé du Quercinois Hugues Salel, abbé de Saint-Chéron, prélat très influent à la Cour.

Les voyages, au seizième siècle, surtout les voyages officiels, s'accomplissaient avec une prudente et majestueuse lenteur. L'ambassadeur dut s'arrêter à Lyon, y attendre des in-

---

1. Le Privilége des *Œuvres de Louise Labé*, en date du 13 mars 1554, est requis pour le *Dialogue de Folie et d'Amour*, dès longtemps composé, ensemble, plusieurs Sonnets, Odes et Epistres. Il n'est pas question des Élégies, qui ne seraient pas antérieures à 1554.

structions et y faire un assez long séjour. Ce fut alors qu'Olivier de Magny fut présenté à Louise Labé[1]. Au milieu de ce cénacle provincial, avide des nouveautés parisiennes, quel effet dut produire l'arrivée d'un poëte ami de ce grand Ronsard, qui venait de conquérir d'emblée la royauté du Parnasse français ! Olivier rayonna comme une étoile de première grandeur parmi ces nébuleuses lyonnaises. Louise se sentit fascinée : Phaon apparaissait à Sapho ! Elle ne vit plus au monde que le jeune et brillant poëte. Lui-même ressentit soudain le contre-coup de la commotion qu'il avait donnée. Ce fut comme une *fatalité :*

Car dés lors que fatalement
J'en approchay premierement...

s'écrie Olivier dans son ode en faveur de Louise, qui répond, dans son XXe sonnet :

Puis le voyant aimer fatalement,
Pitié je pris de sa triste aventure.

---

1. Est-ce bien la première fois que Magny venait à Lyon, et n'y aurait-il pas vu Louise à une époque antérieure ? Il fut présenté par Hugues Salel à Jean d'Avanson, dès sa première jeunesse, et ce personnage était un Dauphinois

Elle était, dans l'été de la vie, à l'âge où la femme éprouve d'ordinaire cette crise suprême et décisive qui, rompant la chaîne du passé, absorbant l'avenir, dominera désormais l'existence dont elle marque l'apogée.

Plus jeune de quatre ou cinq ans, Olivier était vif, ardent, bien pris dans sa petite taille. Il maniait admirablement cette langue divine de la poésie, qui plaît tant aux âmes féminines, et possédait en outre tous les avantages extérieurs qui peuvent les captiver.

Son talent, sa personne, sa situation, son âge, font involontairement penser à la jeunesse d'Alfred de Musset. Dans l'auteur des *Soupirs*, comme dans celui des *Contes d'Espagne et d'Italie*, on trouve cette même désinvolture adorablement maladive et nerveuse, cette ardeur allanguie et puissante, qui s'harmoniait à force de contraste avec la nature brûlante et passionnée d'une femme dans toute la richesse de l'âge, dans toute l'exubérance de l'amour.

L'âme de Louise et celle d'Olivier en arrivèrent bien vite à vibrer d'un même accord,

---

pour qui Lyon était un point central entre Paris et ses domaines, où il dut emmener plus d'une fois son secrétaire.

et ce n'est pas seulement par hasard, c'est à tout instant que leurs voix se répondent. Si l'on étudie parallèlement leurs œuvres, on y respire un même souffle : les pensées, les expressions, alternent comme l'écho d'un mutuel amour. « Ainsi (et c'est Turquety qui parle), quand on vient de lire dans Louise ces premiers vers du XXIIIe sonnet :

> *Las ! que me sert que si parfaitement*
> *Louas jadis et ma tresse dorée*
> *Et de mes yeux la beauté comparée*
> *A deux soleils.....*

et qu'en ouvrant les odes de Magny, on tombe sur ce commencement de strophe :

> *Elle est à vous, belle maistresse,*
> *Ceste belle et dorée tresse,*
> *Qui feroit honte au mesmes or,*
> *Et ces yeux, deux astres ensemble...*

comment n'être pas frappé du rapport ? Comment ne pas croire que cette dernière pièce est bien celle dont la Belle Cordière s'est inspirée et qu'elle indique dans son sonnet ? Ailleurs, ce sont les mêmes tableaux, les mêmes souvenirs. Tous deux évoquent également dans leurs vers ces *petits jardins* où ils se rencontraient, et où ils ne doivent plus se revoir... Mais, sans poursuivre le parallèle, il est un rapprochement qu'on n'a jamais fait et qui en dit trop pour que j'hésite à le signaler : c'est l'entière conformité d'une partie du LVe sonnet des *Soupirs* de Magny et du second sonnet de Louise. Que signifie cette communauté littéraire, telle que la révèlent les deux pièces suivantes :

> *O beaux yeux bruns, o regards destournez,*
> *O chauds soupirs, o larmes espandues,*
> *O noires nuits vainement attendues,*
> *O jours luisans vainement retournez ;*
>
> *O tristes plaints, o desirs obstinez,*
> *O temps perdu, o peines despendues,*
> *O mille morts en mille rets tendues,*
> *O pires maux contre moy destinez ;*
>
> *O pas espars, o trop ardente flamme,*
> *O douce erreur, o pensers de mon âme,*
> *Qui çà, qui là, me tournez nuit et jour ;*
>
> *O vous mes yeux, non plus yeux, mais fontaines,*
> *O Dieux, o cieux, o personnes humaines,*
> *Soyez pour Dieu, tesmoins de mon amour !*

Il est intéressant, après ce sonnet de Magny, de lire le sonnet II de la Belle Cordière, qui débute par deux quatrains identiques :

   O beaux yeus bruns, ô regards destournez,
   O chaus soupirs, ô larmes espandues,
   O noires nuits vainement attendues,
   O jours luisans vainement retournez !

   O tristes pleins, ô désirs obstinez,
   O temps perdu, ô peines despendues,
   O mile morts en mile rets tendues,
   O pires maus contre moi destinez !

   O ris, ô fronts, cheveux, bras, mains et doits !
   O lut pleintif, viole, archet et vois !
   Tant de flambeaus pour ardre une femmelle !

   De toy me plein, que tant de feus portant,
   En tant d'endrois d'iceus mon cœur tatant,
   N'en est sur toi volé quelque estincelle.

Après cette citation, Turquety ajoute :

« Le recueil de Louise Labé est de 1555, les *Soupirs* sont de 1557 ; mais peut-on imaginer que notre poëte eût effrontément copié ces huit vers, s'il n'avait cru y avoir des droits ? »

Cela n'est pas supposable de la part d'Olivier, ce poëte facile et fécond, qui, mort à trente ans, avait fait imprimer quatre volumes, dont jamais personne n'a songé à lui contester l'honneur.

Nous ne marchanderons pas non plus à Louise sa gloire poétique ; mais nous croyons devoir affirmer qu'Olivier fut le véritable inspirateur de sa muse [1].

C'est aussitôt après le premier séjour de Magny à Lyon que doit être placée la composition des Élégies. Restée seule avec sa douleur, elle suivit par la pensée le cher exilé au delà des Alpes, et l'harmonieux langage qui l'avait charmée dans son bien-aimé lui fournit des accents pour pleurer son absence. C'est bien Olivier qu'elle regrette, c'est bien lui qu'elle appelle, lorsqu'elle s'écrie :

Cruel! cruel! qui te faisoit promettre
Ton brief retour en ta première lettre ?

---

1. « Plusieurs femmes, pour plaire à leurs poëtes amis, ont changé leurs paniers et coutures en plumes et livres. » (*Débat de Folie et d'Amour*.)

Le laurier dont elle couronne son amant est mieux encore celui de la poésie que celui de la guerre :

> *Quand j'aperçoy ton blond chef couronné*
> *D'un laurier verd faire un luth si bien plaindre,*
> *Que tu pourrois à te suivre contraindre*
> *Arbres et rocs, quand je te vois orné*
> *Et de vertus dix mille environné,*
> *Au chef d'honneur plus haut que nul atteindre,*
> *Et des plus hauts les louanges esteindre.*

Non ! ce n'est pas un soldat qu'elle représente sous les traits d'Orphée ; c'est Olivier que son cœur accompagne *au bord de ce rivage du Pau cornu*, lui qu'elle craint de savoir malade :

> *Tu es peut-estre, en chemin inconnu,*
> *Outre ton gré malade retenu ?*

Il revient enfin, celui qu'elle appelait si ardemment :

> *Tu es tout seul et mon mal et mon bien :*
> *Avec toy tout et sans toy je n'ay rien.*

Il revient, il apparaît, et soudain leurs deux âmes confondues n'en font plus qu'une ! Ensemble, ils parcourent avidement ces pages de la vie, où l'on voudrait s'arrêter, et que jamais on ne lit qu'une fois. Alors l'influence littéraire d'Olivier qui, dans les Élégies, se fait sentir d'une manière discrète et à demi voilée, se découvre tout entière dans ces brûlants sonnets, jaillis à la fois de leurs deux cœurs, tracés par leurs mains du même crayon et qui, pour la dernière perfection du rhythme, appartiennent peut-être autant à l'amant qu'à l'amante [1].

Mais les heures de l'amour étaient comptées pour eux ; chargé d'une commission spéciale, qu'il devait remplir dans un temps prescrit d'avance, Olivier ne pouvait prolonger son séjour. Cette nouvelle séparation, après des joies délicieuses trop rapidement savourées, fut plus cruelle encore que la première et baignée de larmes plus amères [2].

Louise resta longtemps absorbée dans les

---

1. Cette liaison fut-elle coupable ? On hésite à le penser, quand on lit, dans le *Débat et Folie d'Amour*, cette phrase, entre autres si chaste et si charmante : « *La lubricité n'a rien de commun, ou bien peu avec amour.* »

2. Le voyage de Magny en France, pendant la mission d'Avanson en Italie, est constaté dans les *Odes* (Épistre à J. d'Avanson) et dans les *Soupirs* (Sonnet 149).

souvenirs de son amour; mais, n'étant plus inspirée par la présence du poëte, elle cessa de chanter. Quelques amis obtinrent la confidence de ses vers; d'autres, à son insu, les lurent et en firent des copies. Elle consentit enfin à les confier aux presses de Jean de Tournes, qui, dans un an, les imprima deux fois. Cette consécration de ses joies passées fut un adoucissement à ses regrets présents.

Olivier de Magny conçut-il quelque jalousie de ce rapide succès que ses poésies n'avaient jamais obtenu? ou bien l'absence seule suffit-elle pour refroidir une passion où l'effervescence de la jeunesse semble avoir eu plus de part que le cœur? Toujours est-il, et ses *Soupirs* en offrent le témoignage, qu'il chercha dans les baisers des courtisanes romaines la jouissance à défaut du bonheur. De son côté, Louise, en butte aux séductions d'une cour d'adulateurs dont sa renommée poétique avait doublé le nombre, perdant chaque jour l'espérance de revoir l'infidèle qui l'avait sacrifiée à d'indignes rivales, abandonna son esprit aux charmes d'une autre liaison. L'objet de cet attachement fut un jeune et brillant avocat lyonnais, qui devait un jour écrire l'histoire de sa ville natale, et dont la parole ardente, la plume audacieuse avaient déjà suscité beaucoup de sympathies et de nombreuses animosités.

Sur ces entrefaites, dégoûté de Rome et de l'Italie, Olivier, qu'on n'attendait plus, arriva tout à coup, et trouva Louise à son gré trop occupée de ce nouvel adorateur. Furieux de rencontrer un accueil simplement amical là où il rêvait un regain d'amour, il exhala sa première fureur dans cette ode, tache honteuse au milieu de ses œuvres, où il prodigua l'outrage non-seulement à Louise, mais encore à son excellent époux; cette ode, qui brisa le cœur de la pauvre femme au moment où, revenant à Olivier, dans une effusion sincère, elle congédiait l'objet d'une jalousie sans doute imméritée[1].

L'esclandre fut terrible. Louise resta perdue sans rémission, car à la colère du poëte elle avait ajouté la haine de son rival, haine persé-

---

1. L'Ode à sire Aymon, publiée, pour la première fois dans les Odes d'Ollivier de Magny (Paris, A. Wechel, 1559, in-8), fut réimprimée à Lyon, en 1830, in-8°, par Breghot du Lut, et ensuite par Gonon, dans ses *Documents historiques sur la vie et les mœurs de L. Labé.*

vérante et invétérée qui, au bout d'un demi-siècle, s'acharnait encore à sa mémoire et persistait à lui infliger une flétrissure inique dont elle n'est pas lavée, même aujourd'hui.

Cet homme à l'âme venimeuse était Claude Rubys, dont le nom n'est que trop clairement révélé dans l'ode de Magny[1] et qui, en 1574, dans ses *priviléges, franchises et immunitez de la ville de Lyon*, puis, en 1604, dans son

---

[1]
> *O combien je t'estime heureux,*

dit Magny, dans son Ode ci-dessus indiquée, en s'adressant à sire Aymon :

> *Qui la vois si souvent baler*
> *Et qui l'ois si souvent parler!*
>
> *Et qui vois si souvent encor,*
> *Entre ces perles et cet or,*
> *Un rubys qui luit en sa bouche*
> *Pour adoucir le plus farouche,*
> *Mais un rubys qui sait trop bien*
> *La rendre à soy sans estre sien!*
>
> *Ce n'est des rubys qu'un marchant*
> *Avare aux Indes va cherchant*
> *Mais un rubys qu'elle décore*
> *Plus que le rubys ne l'honore.*

Il me semble que, pour être vieille de trois siècles, l'allusion n'a rien perdu de sa transparence.

Histoire véritable de la même ville, traite Louise d'*impudique et d'insigne courtisane*: calomnie répétée par Calvin, par du Verdier, par Colletet, par Bayle, etc.

Claude Rubys se vengeait bassement d'un dédain par une lâcheté sans excuse, puisqu'elle avait pour objet une femme, une morte que personne ne pouvait plus défendre. Cette conduite de Rubys est tellement ignoble, que je ne fais aucune difficulté de lui attribuer une infâme chanson, imprimée à cette époque contre la Belle Cordière, et qui dut navrer l'infortunée au moins aussi profondément que l'ode injurieuse de Magny[1].

Cette cruelle aventure fut une catastrophe dans l'existence jusqu'alors brillante et enviée de Louise. Si, quelques années encore, elle

---

[1] *Chanson nouvelle de la Belle Cordière de Lyon*, imprimée dans le Recueil des plus belles chansons de ce temps (Lyon, Jean d'Ogerolles, 1559, in-8°), reproduite par Gonon, dans ses *Documents sur L. Labé*.

On y voit figurer, comme amants d'une nuit : l'auteur de la chanson (Rubys), un avocat (Maurice Sève), un procureur (A. Fumée), un cordonnier (Germain Borgne, de Cahors, nommé dans le testament de Louise), un meunier (en italien, *Mugnaio*, sans doute Magny), et un Florentin (Th. Fortini).

resta le centre d'un cénacle littéraire, que les hommes continuèrent seuls à fréquenter, ce ne fut pas sans exciter chez les dames lyonnaises un déchaînement de cruelles injures et de calomnies empoisonnées.

Enfin, le coup de grâce lui fut porté par la mort du vieux Ennemond Perrin, dont l'affection ne se démentit jamais et pour qui, à défaut d'amour, elle conserva toujours une vénération méritée.

Elle ne pouvait plus songer qu'à la retraite; les désastres s'accumulaient sur la ville naguère si florissante; des préoccupations bien autrement émouvantes que le culte des lettres et des arts passionnaient les esprits; la guerre civile déchirait le midi de la France; l'implacable baron des Adrets, à la tête de fanatiques aussi féroces que lui, répandait l'effroi dans le Dauphiné et, s'étant rendu maître de Lyon, il y dominait par la terreur. Louise avait abandonné le théâtre de ses triomphes d'autrefois et vivait isolée dans son domaine de Parcieu, ne faisant plus à Lyon que de rares apparitions.

C'est dans un de ces voyages que, se trouvant chez un négociant florentin, Tomaso Fortini, qui depuis longues années était son ami et l'administrateur de ses biens, elle fut atteinte d'un mal subit, peut-être de l'épidémie qui régnait alors. Contrainte de s'aliter, elle fit venir le notaire Pierre de Laforest et lui dicta, le 28 avril 1565, un testament dans lequel, faisant libéralité d'une belle fortune héritée de ses parents et de son mari, elle se montre généreuse envers les pauvres. Elle retourna ensuite à Parcieu, où elle mourut presque un an, jour pour jour, après cet acte, le 25 avril 1566[1]. Elle devait avoir quarante et quelques années.

Lyon a gardé le souvenir de la belle poëtesse. En 1790, le 19ᵉ bataillon de la garde nationale fit peindre sur son drapeau un soi-disant portrait de Louise. Elle était représentée assise sur un lion, tenant d'une main un prétendu poëme sur la Liberté (qui n'a jamais existé que dans l'imagination des démocrates de 1790), de l'autre, une pique surmontée du chapeau de Guillaume Tell, avec le panache aux trois couleurs !!!...

---

1. Date relevée par M. Brouchoud, sur un registre de P. Laforest, qui contient les quittances données par divers héritiers de Louise.

Un hommage plus éclairé lui avait été rendu, lorsque la petite ruelle qui longeait son jardin fut élargie aux dépens de ce terrain, et, après s'être appelée rue Neuve-de-Confort et rue Régnier, reçut, en 1607, le nom de rue Belle-Cordière.

Cette voie a été absorbée dans l'extrémité sud de la rue Impériale, aujourd'hui rue de Lyon, et le nom de la Belle-Cordière a été donné à une rue du voisinage, qui portait auparavant le nom de rue Bourg-Chanin.

Un buste en marbre, sculpté par Foyatier et placé au Musée, perpétue aussi le souvenir de Louise, bien que cette œuvre gracieuse soit toute de fantaisie, l'artiste n'ayant pas connu le portrait de la poëtesse.

Ce qui atteste encore mieux l'estime des lettrés pour son talent, ce sont les nombreuses éditions de ses œuvres. — La première parut, en 1555, à Lyon, chez J. de Tournes, in-8°; deux autres, chez le même, en 1556, l'une petit in-8°, la seconde in-16. Une quatrième, aussi in-16, fut donnée à Rouen, la même année, par J. Garo. La cinquième parut à Lyon, en 1762; elle est ornée de gracieuses vignettes et donne, pour la première fois, des documents sérieux sur l'auteur. La sixième, in-8°, à Brest, en 1815 ; la septième, à Lyon, en 1824 : c'est une des meilleures ; une huitième, Lyon et Paris, 1844, in-12 ; une neuvième, à Paris, chez Raçon, 1853, in-8° : elle est encadrée et jolie. Toutes ces éditions sont décrites en détail dans le *Manuel du Libraire*, de J.-C. Brunet (Paris, Didot, 1862, in-8°), t. III, col. 708 à 710. Une dixième fut imprimée à Lyon, chez Perrin, en 1862.

La dernière que nous connussions, avant d'avoir donné celle qui est sortie, en 1875, des presses de notre ami D. Jouaust, l'imprimeur artiste, est l'édition d'Edwin Tross (Paris, 1871, in-8°). Elle est sans notes ni notice, et semble avoir été faite uniquement pour employer de magnifiques caractères de civilité du XVIe siècle.

Un ou deux éditeurs ont cru devoir réduire ou même supprimer entièrement les vers à la louange de la Belle Cordière. Nous n'avons pas suivi cet exemple fâcheux dans notre édition, et même nous ne résisterons pas au plaisir de terminer cette étude sur une femme poëte du xvɪᵉ siècle par une strophe de Marceline Desbordes-Valmore, celle de nos dames poëtes modernes que la tendresse a le plus délicatement inspirée :

Et tu chantas l'amour! ce fut ta destinée!
Femme, et belle, et naïve, et du monde étonnée;
De la foule qui passe évitant la faveur,
Inclinant vers ton fleuve un front tendre et rêveur,
Louise, tu chantas! à peine de l'enfance
Ta jeunesse hâtive eut perdu les liens,
L'Amour te prit sans peur, sans débats, sans défense;
Il fit tes jours, tes nuits, tes tourments et tes biens.
Et toujours par sa chaîne au rivage attachée,
Comme une nymphe ardente au milieu des roseaux,
    Des roseaux à demi cachée,
Louise, tu chantas dans les fleurs et les eaux!

www.ingramcontent.com/pod-product-compliance
Lightning Source LLC
Chambersburg PA
CBHW051921160426
43198CB00012B/1980